De zes wetten van rijkdom

The Six LAWS OF WEALTH

Door: D.K. Hawkins
Versie 1.1 ~januari 2023
Gepubliceerd door D.K. Hawkins bij KDP
Copyright ©2023 door D.K. Hawkins. Alle rechten voorbehouden.

Niets uit deze uitgave mag worden verveelvoudigd, verspreid of doorgegeven in enige vorm of op enige wijze, waaronder fotokopieën, opnamen of andere elektronische of mechanische methoden of via enig informatieopslag- of gegevenszoeksysteem, zonder voorafgaande schriftelijke toestemming van de uitgevers, behalve in het geval van zeer korte citaten in kritische recensies en bepaald ander niet-commercieel gebruik dat door het auteursrecht is toegestaan.

Alle rechten voorbehouden, inclusief het recht op gehele of gedeeltelijke reproductie in welke vorm dan ook.

Alle informatie in dit boek is zorgvuldig onderzocht en gecontroleerd op feitelijke juistheid. De auteur en uitgever geven echter geen garantie, expliciet of impliciet, dat de informatie in dit boek geschikt is voor elk individu, situatie of doel en aanvaarden geen verantwoordelijkheid voor fouten of weglatingen.

De lezer aanvaardt het risico en de volledige verantwoordelijkheid voor alle handelingen. De auteur is niet verantwoordelijk voor enig verlies of schade, hetzij bijkomstig, incidenteel, speciaal of anderszins, die kan voortvloeien uit de in dit boek gepresenteerde informatie.

Alle afbeeldingen zijn vrij te gebruiken of gekocht van stockfotosites of rechtenvrij voor commercieel gebruik. Ik heb me voor dit boek gebaseerd op mijn eigen waarnemingen en op veel verschillende bronnen, en ik heb mijn best gedaan om de feiten te controleren en de eer te geven waar die toekomt. In het geval dat materiaal is gebruikt zonder de juiste toestemming, neem dan contact met mij op zodat de vergissing kan worden gecorrigeerd.

De informatie in dit boek dient uitsluitend ter informatie en is niet bedoeld als bron van advies of kredietanalyse met betrekking tot het gepresenteerde materiaal. De informatie en/of documenten in dit boek vormen geen juridisch of financieel advies en mogen nooit worden gebruikt zonder eerst een financiële professional te raadplegen om te bepalen wat het beste is voor uw individuele behoeften.

De uitgever en de auteur geven geen enkele garantie of andere belofte met betrekking tot de resultaten die kunnen worden verkregen door het gebruik van de inhoud van dit boek. U dient nooit een investeringsbeslissing te nemen zonder eerst uw eigen financieel adviseur te raadplegen en uw eigen onderzoek en due diligence uit te voeren. Voor zover wettelijk toegestaan wijzen de uitgever en de auteur elke aansprakelijkheid af in het geval dat informatie, commentaar, analyse, meningen, adviezen en/of aanbevelingen in dit boek onnauwkeurig, onvolledig of onbetrouwbaar blijken te zijn of leiden tot beleggings- of andere verliezen.

De inhoud van dit boek is niet bedoeld als en vormt geen juridisch advies of beleggingsadvies, en er wordt geen advocaat-cliënt relatie gevormd. De uitgever en de auteur verstrekken dit boek en de inhoud ervan op een "as is" basis. Uw gebruik van de informatie in dit boek is op eigen risico.

INHOUDSOPGAVE.

INHOUDSOPGAVE. 3

INLEIDING. 5

DEEL 1 - SPAREN. 9

    WAAROM IS GELD SPAREN ZO MOEILIJK? HOE KAN IK HET BETER DOEN? 10

    DE BESTE GELDBESPARENDE IDEEËN ALLER TIJDEN. 20

DEEL 2 - INVESTEREN. 39

    WAT IS EEN INVESTERING? 39

    WAT ZIJN DE VELE VERSCHILLENDE VORMEN VAN BELEGGEN? 46

    HOE RIJK TE WORDEN ALS BELEGGER. 52

    HOE JE VANDAAG KUNT BEGINNEN MET INVESTEREN MET HET GELD DAT JE NU UITGEEFT. 57

DEEL 3 - SCHULDENVRIJ. 64

    HOE JE DE PSYCHOLOGIE VAN SCHULD BEGRIJPT EN UIT DE SCHULDEN KOMT. 74

    SLECHTE SCHULDEN KUNNEN JE RIJKDOM RUÏNEREN. 82

    UW STRATEGIE OM SCHULDEN TE VERMINDEREN. 85

    OM SCHULDEN OM TE ZETTEN IN RIJKDOM. 88

DEEL 4 - GEDULD. 94

    WAT KOST HET JE OM GEDULD TE ONTWIKKELEN? 94

    HOE JE VAN ARM NAAR RIJK GAAT. 97

GELD HEEFT EEN ENERGIEVELD. 98
OM JE IDEEËN TOT STAND TE BRENGEN. 102
WAAROM GEDULD HET KRITISCHE SUCCESELEMENT IS. 106
DE FORMULE VOOR RIJKDOM DIE NOOIT KAN FALEN.......112
DEEL 5 - INVESTEER IN JEZELF. 121
UITSTEKENDE METHODEN OM IN JEZELF TE INVESTEREN. 127
DEEL 6 - GEDIVERSIFIEERD. 138
WAAROM IS DIVERSIFICATIE BELANGRIJK VOOR UW PORTEFEUILLE?...145
HET BELANG VAN DIVERSIFICATIE VOOR VERMOGENSVORMING...154
DIVERSIFIEERT U UW BELEGGINGEN VOLDOENDE?...........161
VOORZICHTIGHEID BIJ BELEGGINGEN DOOR DIVERSIFICATIE VAN DE PORTEFEUILLE. 174
UITSTAPTECHNIEKEN EN DIVERSIFICATIE..........................184
DIVERSIFICATIE IS DE SLEUTEL TOT INDIVIDUELE RIJKDOM. 189
CONCLUSIE. 202

INLEIDING.

Tot de belangrijkste wetten die het universum beheersen behoren de wetten van de rijkdom. Deze principes hebben betrekking op de eb en vloed van rijkdom in ons leven, en in tegenstelling tot wat vaak wordt aangenomen, is deze wet toch niet zo zuinig.

Wilt u meer weten over deze wetten? Lees verder om meer te leren over de wetten van rijkdom.

Het universum is overvloedig. Helaas lijken niet veel mensen dit te begrijpen, dus proberen ze zich vast te klampen aan wat ze hebben. Zij begrijpen niet dat welvaart vrij kan stromen; het is niet beperkt. Als je afstand doet van rijkdom, krijg je die altijd in een of andere vorm terug.

Felix Dennis, een van de rijkste personen ter wereld, stelde dat je je geld, nadat je het hebt geschonken, geleend of geschonken, moet vergeten. Volgens de wetten van de rijkdom, zoals trekt zoals aan. Als je je afstemt op je verzoek, zal het naar je toe komen. Om rijkdom aan te trekken moet je dus een mentaliteit hebben die trilt op dezelfde frequentie als je verlangen.

Als je om meer geld en voorspoed vraagt terwijl je aan je rekeningen en financiële problemen denkt, zul je gewoon meer rekeningen en financiële problemen aantrekken. Voordat je iets anders doet, moet je je geest reinigen en je gedachten en emoties accepteren. Zorg ervoor dat je enthousiasme in overeenstemming is met het verzoek dat je doet.

Als je serieus bent over het aantrekken van meer rijkdom in je leven, moet je ophouden jezelf te vernederen. De wetten van rijkdom stellen dat negatieve gedachten obstakels creëren. Je moet beginnen deze negatieve gedragingen af te schudden en nieuwe, versterkende gedragingen aannemen. Blijf altijd glimlachen, vooral bij alledaagse taken zoals afwassen.

Een positieve instelling is een techniek om negatieve ideeën uit te filteren en welvaart in je leven aan te trekken. Zoals eerder gezegd zijn de wetten van de rijkdom niet zo sober als sommige mensen ze doen voorkomen. De echte vrek is het individu dat zichzelf tegenhoudt. Het is tijd om te stoppen met zo te denken en te beginnen met het aantrekken van meer rijkdom en voorspoed.

Alles moet verklaard worden door een wet die op de achtergrond opereert. De afwezigheid van juridische kennis ontkent niet het bestaan van een wet. Daarom moet een wet verklaren waarom John rijk is en Jim niet, aangezien zij over vergelijkbare vaardigheden, achtergronden en werkethiek beschikken.

Zij die deze wet begrijpen, vinden haar niet mysterieus. Het is geen toeval of geluk. Elke wetenschappelijke verklaring sluit toeval of geluk uit. We beroepen ons alleen op verklaringen van geluk of toeval in het licht van onwetendheid en onzekerheid.

Misschien heb ik of iemand anders deze wet op dit moment nog niet ontdekt, maar we kunnen er zeker van zijn dat er een wet van rijkdom of aantrekking bestaat die geld aantrekt naar degenen die er bewust of onbewust gebruik van hebben gemaakt.

Elk fenomeen en elke gebeurtenis in het universum kan wetenschappelijk worden verklaard. Een causaal verband verklaart een effect zoals iemand die welvarend wordt. Op het gebied van menselijke aangelegenheden kan een dergelijk verband weliswaar met absolute zekerheid worden vastgesteld door middel van gecontroleerde proeven, maar is het moeilijker om het met volledige zekerheid vast te stellen.

Mensen met veel ervaring op dit gebied beweren echter dat je rijkdom kunt aantrekken door bepaalde eigenschappen te cultiveren. Deze eigenschappen overstijgen de eigenschappen van een deugdzaam persoon.

Wilt u een eindeloze stroom geld en rijkdom in uw leven brengen? Leer de geheimen van rijkdom met de zes wetten en principes van rijkdom die in dit BOEK worden besproken. Als u rijk wilt worden met minimale inspanning en strijd, dan is dit uw go-to bron.

Lees verder voor meer informatie.

DEEL 1 - SPAREN.

Wist u dat hoe goed u uw financiën beheert, een belangrijke indicator kan zijn voor de kans dat u andere persoonlijke doelen bereikt? Dezelfde grondbeginselen die worden gebruikt om geld te sparen of rijkdom te vergaren, kunnen ook worden toegepast op het bereiken van niet-monetaire doelen.

Het proces van vermogensopbouw kan vrij langzaam verlopen. Zo vereist het sparen van geld doorgaans dat wij beginnen met een specifieke hoeveelheid, variërend van nul tot een onbepaald bedrag. Vervolgens moeten we een plan opstellen en de nodige zelfdiscipline aan de dag leggen om dat plan uit te voeren. Daarom moet u bereid zijn kleine, geplande maatregelen te nemen om uw doel te bereiken.

Moeten we niet dezelfde procedure volgen als we andere doelen proberen te bereiken, zoals het verbeteren van onze gezondheid of het vinden van een nieuwe baan?

Mensen schijnen het gewoon niet te snappen, maar we bereiken alles wat we willen door bescheiden, incrementele inspanningen te leveren. We ontwikkelen grootsheid door onze schijnbaar onbeduidende, kleine ambities te verwezenlijken.

Ik dring er bij al mijn klanten en abonnees op aan om de gewoonte te ontwikkelen om vaak geld te sparen en niet te sparen om uit te geven, maar om financiële onafhankelijkheid en zekerheid te bereiken.

Het mooie van geld sparen is dat het na verloop van tijd een gewoonte wordt. Op dat moment zult u zich afvragen waarom u in het verleden nooit consequent hebt gespaard en zult u steeds meer willen sparen.

WAAROM IS GELD SPAREN ZO MOEILIJK? HOE KAN IK HET BETER DOEN?

Misschien herinner je je als kind dat een vertegenwoordiger van je plaatselijke bank je school bezocht en met je klas sprak over geld en sparen.

Wat is dan sparen? Sparen is het opslaan van iets voor toekomstig gebruik.

Wat is dan spaargeld? Spaargeld is de hoeveelheid geld die je overhoudt van je inkomen.

Dus, wat is een spaarrekening? Een spaarrekening is gewoon een bankrekening waarop spaargeld wordt bewaard. De bank betaalt u rente (een bepaald percentage) op het saldo op uw rekening.

Waarom doet de bank zo?

Wanneer u geld stort bij een bank, kunnen zij dat geld gebruiken om aan anderen uit te lenen en te beleggen om winst te maken. In ruil voor uw toestemming betaalt de bank u een percentage van de winst - een percentage dat bekend staat als de rentevoet bepaalt dit.

Maar hoeveel van ons hebben vandaag de dag een respectabele staat van dienst op het gebied van sparen?

Toen hoefden we alleen te betalen voor snoep en speelgoed. Sparen was eenvoudig, maar nu lijkt het veel moeilijker. Je hebt huur of hypotheek, auto, gas, openbaar vervoer, mobiele telefoon, vaste lijn, internet, elektriciteit, gas en voedsel, en dan hebben we nog niet eens rekening gehouden met uitgaven of belastingen.

Oké, dus nadat je al deze zaken hebt betaald, kun je genoeg geld overhouden om op je spaarrekening te storten. Dit geldt voor de meeste mensen. Maar vergeet niet dat iedereen deze kosten heeft. Je kunt denken dat het probleem is dat je niet genoeg geld hebt gekregen om mee te beginnen.

Ja, dat kan een rol spelen, maar het is niet de hoofdzaak. Hoeveel mensen in uw kantoor, familie of sociale kring verdienen een hoog salaris, maar lijken altijd wanhopig op zoek naar hun volgende salaris? Dat komt omdat zij, waarschijnlijk net als u, ook weinig vooruitgang boeken. Hun bankrekeningen zijn van jaar tot jaar bijna identiek.

Wat is het dan als het er niet om gaat hoeveel je krijgt en iedereen dezelfde goederen moet kopen?

Waarom is sparen zo moeilijk?

Laten we beginnen met het analyseren van de geldstroom van een gewone persoon in een spaarsituatie.

- Inkomsten komen binnen Uitgaven gaan uit
- Wat overblijft wordt gebruikt voor [creditcard] schuldaflossing.
- Alles wat overblijft wordt opgeslagen op uw bankrekening.

Dit lijkt aannemelijk. Deze aanpak zal u echter nooit vooruit helpen. Er is niets mis met wat er wordt gedaan, maar hier is het geheim: het gaat om de volgorde waarin ze worden uitgevoerd. Laten we het in de CORRECTE volgorde bekijken.

Er wordt inkomen ontvangen. Een vooraf bepaalde hoeveelheid geld wordt op een spaarrekening gestort. Een vooraf bepaald bedrag wordt gebruikt om slechte schulden af te lossen.

De uitgaven gaan eruit.

"Wat is het?" merk je op, "Zichzelf eerst betalen? Dat meen je niet. Ik kan mezelf niet eerst betalen. Ik heb niet genoeg geld om mijn uitgaven te dekken." En wat weet u? Je hebt waarschijnlijk gelijk.

De eerste keer dat u dit in de nieuwe regeling onderzoekt, zult u ontdekken dat u onvoldoende middelen heeft om uw uitgaven te dekken. Maar ben jij niet degene die zoveel uren werkt? Jij bent degene die de promotie kreeg, toch?

Ben jij niet degene die al die doelen wil bereiken? Dat is zo. Daarom is mijn vraag: "Waarom zou je jezelf niet eerst betalen in de wereld?"

Vindt u dat Woolworths of Coles uw steun meer verdient?

Denkt u dat de bank uw geld meer verdient?

Vindt u dat het nutsbedrijf meer gecompenseerd moet worden dan u? Nee. Dat doen ze niet.

Dit is wellicht een van de grootste obstakels die u ooit zult moeten overwinnen om het geld te bereiken dat u wenst, maar als u dat eenmaal doet, wordt ALLES veel duidelijker en eenvoudiger.

Hoeveel is dan het vooraf bepaalde bedrag?

Gebruik eventueel uw inkomen na belasting. De meeste sites raden aan te beginnen met 10% van uw bruto inkomen. Als 10% hanteerbaar is, verhoog dan de behoefte tot 15% of 20%. Als u geen 10% aankunt, neem dan genoegen met 8% of 5%.

U kunt denken dat 10% onmogelijk is, maar laten we eens wat cijfers bekijken. Als u dagelijks $10 verdient, kunt u dan overleven met $9? Hoe makkelijk is het om $1 te vinden als je het in de toekomst nodig hebt?

Wat kun je met 10 dollar kopen? Je kunt de ene dag lunchen bij McDonald's en de andere avond een paar biertjes aan de bar kopen zonder die $10.

Wat als je $1000 hebt?

Zou 900 dollar niet voldoende zijn om zonder al te veel drama rond te komen?

Rust, en u zult die 10% niet missen als u het direct opneemt voordat u overweegt het uit te geven. Het gemiddelde jaarloon in Australië bedraagt ongeveer 42.000 dollar als u slechts 10% van uw maandsalaris zou kunnen sparen.

Je zou 4.200 dollar op je bankrekening hebben, wat niet zo moeilijk was. Je moest de volgorde waarin je dingen uitvoerde aanpassen. In het begin was het een beetje moeilijk of ongemakkelijk, maar tegen de tweede of derde loonstrook merkte je het nauwelijks meer. Gefeliciteerd.

Dit is een gedachte. Sommigen van u kunnen geloven dat 4.200 dollar niet veel is, maar wist u dat het genoeg is voor een retourvlucht (van Sydney naar Phuket) plus levensonderhoud voor drie maanden, terwijl Phuket een van de duurste landen in Zuidoost-Azië is? Stel je voor dat je dit zes maanden in de Filippijnen moet doorstaan.

De meeste mensen werken hun hele leven hard om vervolgens berooid met "pensioen" te gaan en afhankelijk te zijn van weinig spaargeld of een (snel afnemend) overheidspensioen. Zij zijn gedwongen hun gouden jaren door te brengen met het bestrijden van chronische financiële problemen. Als deze mensen consequent een klein deel van hun inkomen opzij hadden gezet om te beleggen, zouden ze voldoende geld hebben voor een aangenaam pensioen.

De eerste sport op de weg naar rijkdom is sparen. Het belang van sparen in de school van het genereren van rijkdom kan niet genoeg worden benadrukt. In plaats van te sparen wat overblijft na de uitgaven, is de sleutel tot financieel succes en rijk met pensioen gaan het uitgeven wat overblijft na het sparen - welvarende mensen sparen eerst en geven de rest uit.

Velen gaan tegenwoordig verarmd met pensioen omdat ze veel uitgeven in plaats van superspaarders zijn. Zelf sparen is wat je ontvangt van je spaargeld. U zaait het zaad van uw winst in de toekomst om uw financiële groei te verzekeren.

Vergeet niet dat je, ongeacht je levenswerk of vergaarde rijkdom, met pensioen kunt gaan in bittere armoede als je geen spaargeld en investeringen hebt.

Sparen is een zeer sterke indicator van uw plannen. Als u niet de gewoonte ontwikkelt om te sparen, kunt u de rest van uw leven in armoede leven. Niet hoeveel geld je verdient, maar wat je kunt onderhouden is het belangrijkst.

Uw spaargeld zorgt voor uw toekomst. Hoe meer u spaart, hoe groter uw vermogen om financiële onafhankelijkheid te verwerven en een leven van plezier en overvloed te leiden. Stel sparen niet uit tot het uitkomt. Dan zult u eeuwig moeten wachten.

Zonder spaargeld is het niet gemakkelijk om vermogen op te bouwen. Veel mensen noemen hun loon als de reden dat ze niet sparen. De realiteit is dat het niet om uw loon gaat, maar om uw spaargeld. Want wat u redt, zal uw redding zijn. Sparen zou een vereiste moeten zijn voor iedereen die rijk met pensioen wil gaan en wil overleven in een moeilijke economie. Toch belandden ze in armoede omdat ze het begrip sparen negeerden.

Ik weet zeker dat u mensen kent die ooit rijk waren, maar nu in bittere armoede leven. Zij leven met spijt. Ze hebben verzuimd te sparen en te investeren voor de toekomst, zodat ze nu in armoede en ontbering leven.

Vandaag de dag zijn we alleen verantwoordelijk voor het vergaren van een spaarpotje en moeten we ervoor zorgen dat we tijdens ons pensioen daarvan kunnen leven. Dit kan een beangstigende taak zijn, maar het is haalbaar als je je pensioen goed plant. Hoe eerder u begint met sparen, hoe meer u kunt vergaren.

Als u veertig jaar lang elke maand N5.000 spaart tegen een rendement van 25% per jaar, kunt u N1,8 miljard vergaren. Het werkelijke spaargeld van N5.000 elke maand gedurende veertig jaar bedraagt N2.400.000. Als u tenslotte tien jaar lang elke maand N25.000 spaart, vergaart u N11,2 miljoen op een totaal van N3 miljoen.

DE BESTE GELDBESPARENDE IDEEËN ALLER TIJDEN.

Op welk moment in de geschiedenis dan ook, bepaalde geldbesparende strategieën blijven constant, ongeacht de stand van de economie, de heersende mode, de werkloosheid of de rentestand. Sommigen van u zijn bekend met deze concepten, terwijl anderen er misschien helemaal niet mee vertrouwd zijn. Of je nu wel of niet bekend bent met deze ongelooflijke geheimen, het gebruik ervan in je leven zal de moeite waard zijn.

De financiële wonderen die zij voor u zullen verrichten zijn verzekerd. Ik dring er bij u op aan ze toe te passen, want iedereen kan uw leven veranderen! Kleine aanpassingen kunnen tot enorme resultaten leiden. Zo zal het toevoegen van één uit elf verschillende plaatsen significante resultaten opleveren. Eén plus één is gelijk aan twee.

Deze lijst over het behoud van uw zuurverdiende geld in een aantal eenvoudige manieren. Er is niets hier dat niet dagelijks kan worden uitgevoerd.

1: Uw dagelijkse uitgaven bijhouden.

Albert Einstein zei: "Er is een genie voor nodig om het voor de hand liggende te herkennen." Hij bedoelde dat vaak de eenvoudigste dingen in het leven het krachtigst zijn, maar omdat ze zo basaal zijn, hebben we de neiging ze te negeren en ze niet voor ons te gebruiken.

Het bijhouden van uw dagelijkse uitgaven is een van de eenvoudigste maar meest effectieve strategieën om geld te verdienen. Koop een klein notitieboekje bij een dollarwinkel en neem het overal mee naartoe. Noteer elke dollar die u uitgeeft. Zo eenvoudig is het.

In een paar weken tijd zal er iets magisch gebeuren in je financiële leven als je deze stappen volgt.

Het vastleggen van je uitgaven op papier heeft iets enorm krachtigs. Het maakt de geldstroom in je leven tastbaarder en nauwkeuriger. Het laat eenvoudig en duidelijk zien waar en waarom u uw geld uitgeeft. Als u zich dit realiseert, wordt het veel eenvoudiger om uw financiën te beheren.

Niet alleen hebben veel mensen die dit doen iets over zichzelf geleerd dat ze nooit eerder wisten, maar ze zijn ook vaak geschokt. Door hun dagboek te analyseren kan iemand ontdekken dat hij gedurende een jaar ongeveer 2.000 dollar heeft uitgegeven aan een dieet van frisdrank, snacks en snoep!

Hun jaarsalaris bedraagt slechts 25.000 dollar, dus zagen zij in dat 8% van hun inkomen werd verspild aan iets volkomen overbodigs. Ze gaven snacks en drankjes op en ontdekten dat ze genoeg geld hadden voor een vakantie het jaar daarop. Wat zou u kiezen als u mocht kiezen tussen snacks en een reis?

Het idee is dat hun dagelijkse uitgavendagboek hen hielp het perspectief en de duidelijkheid te krijgen die nodig zijn om financiële controle te krijgen. Een basis uitgavenlogboek geeft u controle over uw uitgaven en daarmee over uw financiële leven. Er staat misschien niets meer tussen u en financiële vrijheid dan een notitieboekje van 75 cent en een balpen.

2: Stop met het maken van schulden!

We kennen allemaal de problemen die Uncle Sam heeft veroorzaakt door meer geld uit te geven dan de regering ontvangt. Het staat bekend als schuld uitgeven. Bedrieg jezelf niet. Voor jou gelden dezelfde regels als voor ieder ander. Deze verachtelijke plastic kaarten mogen dan de "American Way" zijn, maar ze zijn angstig.

Tegenwoordig heeft de gemiddelde kredietkaarthouder een schuld van 8.000 dollar!

Zoals velen van jullie waarschijnlijk weten, is het opbouwen van creditcard schulden eenvoudig. Dit is psychologisch. Een creditcard geven aan een caissière verschilt van iemand een stapeltje groene dollars geven. Zou u een handvol 10-dollarbiljetten even gemakkelijk overhandigen als een creditcard? Waarschijnlijk niet!

Creditcards brengen mensen in de schulden en houden ze daar. Zelfs voor mensen met voldoende inkomsten is het buitengewoon moeilijk om een creditcardschuld af te lossen. Vergis u niet: een creditcardschuld put uw financiële kracht net zo snel uit als een open ader uw levenskracht uitput. Het gebruik van een kredietkaart uit vrije wil kan snel een noodzaak worden. Zodra dat stadium is bereikt, zit u al in de problemen.

Er is geen geheime methode om aan het creditcardspel te ontsnappen. Vandaag moet u een schaar nemen, uw creditcards doormidden knippen en beginnen met ze geleidelijk terug te betalen. Betaal altijd meer dan het minimaal verschuldigde bedrag, al is het maar 10 dollar extra.

Zodra u stopt met het toevoegen van schulden, zullen zelfs de kleinste betalingen zich in de loop van de tijd opstapelen. Als u geduldig en gedisciplineerd bent, kunt u schulden overwinnen. Nadat uw kaarten zijn opgezegd, moet u zich houden aan een rigoureus omslagbeleid. In plaats van nu te kopen en later te betalen, moet u sparen en wachten tot u het hele geld hebt om te kopen.

Stoppen met uitgeven op krediet is een van de meest effectieve financiële technieken die iedereen tegenwoordig tot zijn beschikking heeft. Waarom zou u dit hulpmiddel niet accepteren en gebruiken?

3: Verkoop je spullen.

Dat is waar, en een grote tuinverkoop is hoog tijd. Doorzoek je huis of appartement op spullen die je op een rommelmarkt of werfverkoop zou kunnen verkopen en die je niet nodig hebt.

Maak een inventaris op. De waarheid is dat de meeste mensen versteld staan van hun bezittingen en de hoeveelheid geld die zij hebben verspild aan zinloze spullen. Waarom stof laten verzamelen op je zolder als je er misschien rente op kunt verdienen op een spaarrekening?

Een garageverkoop is een prachtige manier om je huis op te ruimen en een psychologische oppepper te geven die mensen helpt hun leven en financiën weer onder controle te krijgen. Aan het eind van de week kun je $500, $1000 of zelfs $3000 rijker zijn. Bovendien heb je het gevoel opnieuw te beginnen met een schoon huis.

4. Een spaarrekening verlicht de stress in je leven.

Lang geleden zei Benjamin Franklin: "Een gespaarde cent is een verdiende cent." Ja, het blijft accuraat en een van de meest effectieve strategieën om geld te verdienen in de geschiedenis.

Franklins beroemde opmerking verwijst naar de moeilijkheden van het sparen. Het is niet eenvoudig om te sparen en eenvoudig om uit te geven! U weet het! Daarom is elke gespaarde cent echt verdiend, want het vasthouden van dat geld kost zoveel moeite! Maar als u erin slaagt, zal het uw leven veranderen.

Stel je voor dat je je rekeningen voorloopt in plaats van achterloopt. Als je je rekeningen betaalt, heb je controle over je hele leven. Je slaapt 's nachts beter. Je bent beter in staat nieuwe strategieën te bedenken om meer geld te verdienen en te sparen. Als je eenmaal begint te sparen, verspreidt het zich als een lopend vuurtje.

Hier zijn enkele geldbesparende tips:

Beperk je niet tot rentecontrole. Neem een spaarrekening die moeilijker toegankelijk is dan een betaalrekening.

Bewaar uw spaargeld bij een bank die niet op uw gebruikelijke route ligt of misschien zelfs in een andere stad. Zo komt u niet in de verleiding om het telkens te gebruiken als u naar de bank gaat om geld te storten.

Koop kortlopende spaarobligaties met looptijden tussen zes maanden en één jaar. Zo krijgt u een hogere rente en behoudt u toegang tot uw geld in geval van een echte crisis.

U moet de rekening onder twee namen openen en, indien mogelijk, beide handtekeningen voor opnames eisen. Twee personen kunnen elke opname bespreken en elkaar in toom houden.

Zodra u uw loon ontvangt, stort u minstens 5 procent op uw spaarrekening. U zult aangenaam verrast zijn door hoeveel u na slechts één jaar hebt gespaard en u zult zich er geweldig over voelen.

5. Visualiseer elke dag rijkdom en overvloed.

Adviseer ik je een soort woo-woo mystiek na te streven om een "geldmagneet" te worden?

Misschien wel, misschien niet! Noem het een hersenspinsel, mystiek of New Age onzin, maar de realiteit blijft dat achter elke welvarende man en vrouw een positieve kijk op geld schuilgaat. Hier is een snelle demonstratie:

(1) Persoon A, met een slechte geldmentaliteit, heeft dagelijks de volgende gedachten: "Jeetje! $20 is moeilijk aan te komen. Ik werk zo hard en krijg zo weinig compensatie. Geld glijdt als water door mijn vingertoppen. Het is ongelooflijk hoeveel geld je moet verdienen om in de moderne wereld te overleven.

Met mijn magere inkomen zal ik me nooit een nieuwe auto kunnen veroorloven, maar deze baan is toch het beste voor me. Sommige mensen vinden het makkelijk om veel geld te verdienen, maar daar hoor ik niet bij.

(2) Persoon B, met een positieve geldhouding, heeft de volgende dagelijkse gedachten: "Als ik me uit de naad werk, kan ik volgende maand opslag krijgen, en van de overige inkomsten zet ik vijftig procent op een spaarrekening. Er zijn vast wel honderd

verschillende manieren waarop ik extra geld kan verdienen.

Geld is niet zo moeilijk te verdienen als je hard werkt, je uitgaven in de hand houdt en een beetje spaart. Dit land heeft genoeg rijkdom voor iedereen, en ik kan gewoon mijn deel en meer "ad infinitum" verkrijgen.

Oké. Wie denk je dat de grootste kans op succes heeft?

Persoon A haalt zichzelf naar beneden met zijn ideeën, terwijl persoon B zichzelf een kans geeft.

Bedenk dat het hebben van negatieve of positieve ideeën geen kosten met zich meebrengt. Dus waarom niet positief denken?

Er is veel onderzoek gedaan naar de cognitieve processen en de mentaliteit van enkele van 's werelds rijkste en meest succesvolle personen. Ze deelden allemaal een gunstige kijk op geld en hun vermogen om het te verdienen.

6. Volg je passie, en het geld zal naar je toe komen.

Ik geloof dat er een boek met die titel bestaat. In ieder geval is het waar. Veel mensen leven van salaris naar salaris en zijn arm ondanks dat ze hard werken in hun carrière omdat ze hun beroep niet leuk vinden.

Als je niet van je werk houdt, zul je negatief tegen geld aankijken. Elke ochtend zul je geld associëren met het vreselijke geluid van de wekker. Zodra je je bron van geld en inkomen associeert met sleur, zal sleur het grootste deel van je leven beheersen.

U moet onmiddellijk beginnen met het organiseren van uw ontsnapping. De eerste vraag die je jezelf moet stellen is: "Wat zou ik doen als geld geen rol zou spelen? Wat doe ik het liefst voor mijn plezier, en is het mogelijk om daarvoor betaald te krijgen?"

Klinkt dit belachelijk? Dat is het niet. Je vecht tegen jezelf als je werk niet je spel is. Uiteindelijk zul je uitgeput raken en de wereld verachten.

Aan de andere kant, als je elke dag enthousiast en optimistisch wakker wordt en uitkijkt naar wat je gaat doen - en er geld mee verdient - zul je op natuurlijke wijze meer gaan doen waar je van houdt en er meer geld mee verdienen.

Als uw gewenste carrière vereist dat u uw bedrijf opricht, laat dat u niet afschrikken! Het is veel eenvoudiger dan de meeste mensen denken. Het kan de loop van uw leven ingrijpend veranderen.

7. Je moet jezelf organiseren.

Georganiseerd en productief zijn heeft meer invloed op uw inkomen dan u zich ooit kunt voorstellen. Je kunt het je niet veroorloven een slons te zijn als je rijk wilt worden. Denk er eens goed over na. Stel, u zit aan uw bureau en probeert wat werk af te maken. U moet de nietmachine vinden, maar omdat uw kantoor zo ongeorganiseerd is, kost het u vijftien minuten om dat te doen.

Je hebt net 15 onproductieve minuten besteed. Vervolgens moet u een dossier opzoeken, wat 20 minuten zoeken op papier vergt. Nog eens 20 minuten televisie kijken en zoeken naar voorwerpen kan gemakkelijk twee tot drie uur in beslag nemen tegen het einde van de dag. Hetzelfde geldt voor elk soort werk.

Hoeveel tijd besteden automonteurs aan het zoeken naar een negen-zestiende sleutel, terwijl ze die binnen handbereik zouden kunnen hebben?

Ongeorganiseerde mensen klagen voortdurend aan het eind van de dag, "Ik heb zo hard gewerkt en toch zo weinig gedaan!" Natuurlijk! Je hebt een hele dag gezocht naar plakband.

In werkelijkheid is tijd gelijk aan geld. Hoe meer tijd u besteedt aan onproductieve activiteiten, hoe minder tijd u besteedt aan het verdienen van geld. Ruim je kantoor op. Organiseer het materiaalhok. Breng je papierwerk op orde. Beschouw elke bespaarde minuut als een dollar in uw zak.

8. Maak dagelijks je eigen top tien lijst.

Wat organisatie betreft, moet u elke ochtend met een kop koffie gaan zitten en een lijst maken van de tien belangrijkste taken die u die dag wilt uitvoeren. Rangschik ze vervolgens in volgorde van belangrijkheid. Begin bij punt 1 en ga zo snel mogelijk de lijst af.

Zonder twijfel is dit een effectieve methode om werk gedaan te krijgen. Het levert je enorme sommen geld op. Geld verdienen heeft alles te maken met beweging, met name voorwaartse mobiliteit. Volgens de beroemde schrijfster Ayn Rand, is het meest cruciale wat iemand kan doen in een kapitalistische maatschappij, dagelijks vooruitgaan!

Een lijst van uw top tien prioriteiten zorgt ervoor dat u dagelijks iets doet. U kunt de volledige lijst niet dagelijks afwerken, en dat moet u ook niet proberen. Doe gewoon uw best. Je zou met trots naar je lijst moeten kunnen kijken, de punten bekijken die je hebt afgestreept en zeggen: "Het is me gelukt!".

"Dat heb ik vandaag bereikt! Ik heb actie ondernomen om mijn leven te verbeteren en rijkdom te creëren!"

Nogmaals, de meeste van de rijkste en meest succesvolle mensen in de geschiedenis hebben deze strategie gebruikt. Je zou je bij de club moeten aansluiten.

9. U moet zowel korte- als langetermijndoelstellingen vaststellen.

Hoe kun je verwachten ergens te komen als je niet weet waar je heen gaat? Het is basale maar effectieve logica. Wanneer je een doel in de verre toekomst hebt dat je doel vertegenwoordigt, kan het bijna werken als een magneet die je ernaar toe trekt.

Het stellen van redelijke maar uitdagende doelen is herhaaldelijk een van de meest effectieve strategieën gebleken voor het verdienen van rijkdom en succes. Het is vastgelegd in bedrijfsopleidingen. Het is herhaaldelijk en met succes gebruikt door talloze personen.

Het stellen van doelen voor zowel de korte als de lange termijn heeft als effect dat je je aandacht erop richt. Het drijft je naar grotere en betere dingen. Het geeft inhoud aan wat je probeert te doen, waardoor wat je wilt echt en waarschijnlijk in je leven verschijnt.

Zoals u waarschijnlijk hebt gehoord, kunt u het beste uw korte- en langetermijndoelen opschrijven en ze in uw kantoor en thuis ophangen. Elke ochtend moet u beginnen met het bekijken van uw lijst met doelen en een top 10 samenstellen van taken die u dichter bij uw doelen brengen. Elke avond voordat u gaat slapen, moet u uw korte- en langetermijndoelstellingen evalueren en beloven dat u er alles aan zult doen om ze te verwezenlijken.

Investeer je fondsen en zet ze aan het werk om zichzelf uit te breiden.

Zoals gezegd is het aanhouden van geld op een spaarrekening essentieel, maar de 2,3% rente die de meeste banken bieden is onvoldoende om de inflatie bij te houden.

U moet meer doen dan uw geld sparen - u moet het investeren. Hieronder vallen financiële instrumenten met extreem hoge rendementen, zoals beleggingsfondsen, aandelen en de riskantere grondstoffenmarkten.

Een investering van $5.000 in grondstoffen kan in slechts enkele weken een rendement opleveren van $50.000 of 10 keer de oorspronkelijke investering. Het is echter ook mogelijk om de hele investering te verliezen. Beleg uw geld in een certificaat met een lange looptijd (CD). Deze zijn 100% veilig en bieden een aanzienlijk hoger rendement dan standaard spaarrekeningen. Gewoonlijk kunt u er een krijgen met een rentevoet van 4,5 tot 5%.

Kortom, u moet een percentage van uw middelen toewijzen aan hoogrentende of risicovolle beleggingen. Dit is de manier om echt vooruit te gaan. 11e uitstekende geld tip Veel plezier! Dit advies staat op mijn lijst omdat het essentieel is voor uw succes.

Je moet genieten om optimistisch te zijn en te blijven over geld verdienen. Dus, schiet op! Ga weg: lach, klap in je handen, en leef! Vermaak jezelf terwijl je het geld binnenharkt! De wereld wacht op uw komst! Geniet van alles wat je doet, en je zult succes bereiken."

Ik hoop dat u veel nieuwe manieren hebt ontdekt om uw zuurverdiende geld te besparen en meer van het leven te genieten. Vergeet niet dat niets in deze vierdelige serie onmogelijk is. Als u deze informatie goed gebruikt, zult u er gegarandeerd baat bij hebben en rijkdom creëren.

DEEL 2 - INVESTEREN.

WAT IS EEN INVESTERING?

Het gebrek aan inzicht in de regels van het beleggingsspel draagt bij tot het falen van veel mensen, waarvan sommigen angstig presteren. Het spreekt vanzelf dat u een spel niet kunt winnen door de regels ervan te overtreden. U moet echter eerst de regels begrijpen voordat u kunt voorkomen dat u ze breekt.

Een andere reden waarom beleggers falen is dat zij aan het spel deelnemen zonder de regels ervan te begrijpen. De betekenis van het woord "investering" ontcijferen is essentieel.

Wat is een investering?

Een belegging is een actief dat inkomsten oplevert. U moet zorgvuldig elk woord in de definitie opmerken, omdat het essentieel is om de ware betekenis van beleggen te begrijpen.

Volgens de definitie zijn er twee essentiële kenmerken van een investering. Voordat een bezit, voorwerp of goed als een investering kan worden beschouwd, moet het aan beide criteria voldoen. Anders wordt het niet als een investering beschouwd.

Het eerste kenmerk van een investering is dat zij gewaardeerd wordt - dat wil zeggen, iets dat belangrijk of nuttig is.

Daarom is elk bezit, eigendom of goed zonder waarde geen investering en kan het dat ook niet zijn. Volgens deze definitie is een waardeloos, nutteloos of onbeduidend voorwerp, bezit of goed geen investering. Elke investering heeft een monetaire waarde die kan worden gekwantificeerd. Dat wil zeggen, elke investering heeft een monetaire waarde.

Het tweede kenmerk van een investering is dat zij inkomsten moet genereren en waardevol moet zijn.

Elke investering heeft het vermogen, de plicht, de verantwoordelijkheid en de rol om rijkdom te genereren. Dit betekent dat zij inkomsten moet kunnen genereren voor de eigenaar of ten minste moet helpen bij het genereren van inkomsten. Dit is een onveranderlijk kenmerk van een investering.

Hoe waardevol of onbetaalbaar het ook is, een bezit, voorwerp of eigendom dat geen inkomsten voor de eigenaar kan creëren of hem tenminste kan helpen bij het creëren van inkomsten, is en kan geen investering zijn. Bovendien is elk goed dat deze financiële functies niet kan vervullen geen investering, hoe duur of kostbaar het ook is.

U moet ook een derde beleggingskenmerk overwegen dat sterk verbonden is met het hierboven besproken tweede kenmerk. Dit zal u ook helpen bepalen of een activum een belegging is.

Het derde kenmerk van een investering is dat een investering die geen inkomen creëert of bijdraagt tot het genereren van inkomen, geld bespaart.

Een dergelijke investering voorkomt dat de eigenaar bepaalde uitgaven moet doen die hij zonder de investering zou hebben gedaan, maar kan voor de investeerder geen winst opleveren. Op deze manier creëert de investering geld voor de eigenaar, hoewel niet strikt genomen. Met andere woorden, de investering genereert geld voor de eigenaar/investeerder.

Voordat een onroerend goed als een investering kan worden aangemerkt, moet het voor de eigenaar inkomsten kunnen genereren of geld kunnen besparen, en daarnaast van groot nut en betekenis zijn. Het is van essentieel belang het tweede kenmerk van een investering (d.w.z. een investering die inkomsten genereert) te onderstrepen. Deze bewering is gebaseerd op de vooronderstelling dat de meeste mensen alleen de eerste factor evalueren wanneer zij bepalen wat een investering is.

Zij zien de investering slechts als een waarde, zelfs als het waardevolle inkomen verbruikt. Doorgaans heeft een dergelijk misverstand ernstige financiële gevolgen op lange termijn. Dergelijke personen maken vaak kostbare financiële fouten die hun hele leven lang fortuinen kosten.

Een van de redenen voor dit misverstand is wellicht dat het in intellectuele kringen wordt getolereerd. In conventionele onderwijsinstellingen en academische publicaties hebben investeringen, vaak aangeduid als activa, betrekking op goederen of eigendommen in het kader van financiële studies.

Daarom beschouwen bedrijfsorganisaties al hun juwelen en bezittingen als activa, zelfs als ze geen geld opleveren. Dit concept van investeren is onaanvaardbaar bij financieel onderlegde personen, omdat het onjuist, bedrieglijk en misleidend is.

Bijgevolg denken sommige bedrijven ten onrechte dat hun passiva hun activa zijn. Om die reden beschouwen sommige particulieren hun passiva ook als hun activa/investeringen.

Helaas zien veel mensen, vooral financieel analfabeten, onrendabele activa die hun loon opeten als investeringen. Deze personen nemen hun inkomen genererende activa op in de lijst van hun investeringen. Deze personen zijn financieel analfabeet. Dit is de reden waarom zij geen financiële toekomst hebben.

Wat financieel goed geïnformeerde mensen zien als inkomensverslindende activa, zien financieel analfabeten als investeringen. Dit bewijst de kloof in perceptie, logica en mentaliteit tussen financieel onderlegde en onwetende personen. Financieel intelligente mensen hebben een financiële toekomst, maar financieel analfabeten niet.

Uit het voorgaande blijkt dat de eerste vraag die u zich bij beleggen moet stellen is: "Hoe waardevol is het goed dat u met uw geld wilt kopen?". Hoe beter de investering, ceteris paribus, hoe groter de waarde (maar hoe hoger de aankoopkosten waarschijnlijk zullen zijn). De tweede overweging is: "Hoeveel inkomsten kan het voor u genereren?".

Als iets waardevol is maar geen inkomsten genereert, dan is het geen investering (en kan het dat ook niet zijn) en kan het geen geld opleveren als het niet waardevol is. Als u beide vragen niet bevestigend kunt beantwoorden, dan kan wat u doet en verkrijgt niet als investering worden beschouwd. U kunt hoogstens een verplichting verwerven.

Mensen kunnen sparen voor hun pensioen, de opleiding van hun kinderen of andere financiële doelen door hun geld te beleggen. Voordat zij hun eerste investering doen, moeten beginnende beleggers de tijd nemen om hun doelen te bepalen en enkele fundamentele beleggingsconcepten te leren. Succesvol beleggen vereist uitgebreid onderzoek, toewijding en doorzettingsvermogen.

Naarmate beginnende beleggers inkomsten genereren via beleggingen, zullen zij een zekere deskundigheid verwerven. Maar zelfs de meest ervaren en bekwame beleggers lopen enig gevaar. Startende beleggers zullen meer succes hebben als zij enkele fundamentele beleggingsvragen kunnen beantwoorden.

Hoeveel kapitaal heb ik nodig om te investeren?

Een wijdverbreide misvatting bij beginnende beleggers is dat zij over een aanzienlijk kapitaal moeten beschikken om te beleggen. Veel beleggingen kunnen worden gedaan met slechts een paar honderd of zelfs een paar duizend dollar.

Het gebruik van dividendherbeleggingsregelingen of directe aandelenaankoopopties is één manier om op kleine schaal te beginnen met beleggen. Beleggers kunnen in de aandelenopties van een onderneming investeren door een bescheiden startbedrag te betalen, meestal tussen $25 en $50, en een eerste investering te doen. Zodra het geld zich heeft opgestapeld, kan de belegger het overbrengen naar een effectenrekening waar hij in grotere hoeveelheden kan investeren.

WAT ZIJN DE VELE VERSCHILLENDE VORMEN VAN BELEGGEN?

Zodra beleggers concluderen dat zij voldoende middelen hebben voor een belegging, is de moeilijkste stap vaak te bepalen waar te beleggen. Er zijn vele beleggingsmogelijkheden beschikbaar voor beleggers;

beleggingsfondsen, obligaties, futures en onroerend goed behoren tot de meest voorkomende.

Met beleggingsfondsen kan iedereen beleggen zonder zelf met de beleggingen om te gaan. Beleggers in beleggingsfondsen werken met een professionele portefeuillebeheerder. Deze beheerder belegt in de markt het geld dat door veel verschillende beleggers is ingebracht.

De middelen kunnen worden belegd in closed-end of open-end fondsen. Gesloten fondsen verdelen en verkopen een vast aantal aandelen aan het publiek, terwijl open-end fondsen geen vast aantal aandelen hebben.

De handelaar herbelegt het geld van de belegger in nieuwe aandelen. De aandelen worden beheerd door een professionele geldmanager die getraind is om investeringen te kiezen die de belegger het hoogste rendement bieden.

Exchange-traded funds - ETF's - zijn pools van beleggerskapitaal die op soortgelijke wijze als beleggingsfondsen worden belegd. Omdat ETF's echter bedoeld zijn om specifieke indexen te volgen en een groot deel van hun administratie geautomatiseerd is, zijn hun onderhoudskosten en vergoedingen doorgaans aanzienlijk goedkoper.

Wanneer beleggers obligaties kopen, kopen ze een aandeel in een bedrijf of onderneming. De ondernemingen geven obligaties uit, die leningen voor beleggers zijn. In ruil daarvoor verbindt de onderneming zich ertoe de belegger op gezette tijden met rente terug te betalen.

Obligaties kunnen een vrij solide beleggingsoptie zijn. Tenzij het bedrijf failliet gaat, is het zeer zeker dat de belegger ten minste een minimaal bedrag van zijn investering terugkrijgt.

Deze rentebetalingen op gezette tijden kunnen dienen als een bron van doorlopende inkomsten voor gepensioneerden en mensen die een beleggingsvorm met een consistent rendement willen ontwikkelen. Bepaalde soorten obligaties kunnen belastingvrije rente-inkomsten opleveren.

Vastgoed - Als het moment daar is, kan het een winstgevende investering zijn, maar er komt veel bij kijken. Investeren in een (REIT) of real estate investment trust is een eenvoudige manier voor beleggers om de vastgoedsector te betreden.

Beleggers worden mede-eigenaar van de investeringen van de REIT, zoals winkelcentra, parkeergarages, hotels en andere vastgoedprojecten. Omdat REIT's geen federale inkomstenbelasting betalen in ruil voor de uitkering van 90% of meer van hun winst als dividend aan de aandeelhouders, keren zij vaak aanzienlijke contante dividenden uit.

Huizen kopen, ze renoveren door ze te repareren of voorzieningen toe te voegen en ze met winst verkopen, of de huizen verhuren aan huurders en een maandelijks inkomen verwerven uit huurbetalingen zijn andere manieren om inkomsten te genereren door te investeren in onroerend goed.

Futures - De handel in futures is de marktplaats waar kopers wereldwijd futurescontracten kopen en verkopen. Futurescontracten zijn overeenkomsten om een product tegen een bepaalde prijs op een toekomstige datum te ontvangen.

Zodra de prijs is overeengekomen, ligt deze vast voor het volgende jaar, ongeacht de marktschommelingen. Grondstoffen, valuta's, aandelenindexen, rentetarieven en alternatieve beleggingen zoals economische indicatoren zijn typische futuresmarkten. De voordelen en risico's van dit soort beleggingen kunnen aanzienlijk zijn. Daarom zouden alleen beleggers met de meeste ervaring in futures moeten handelen.

Moet ik mijn beleggingen diversifiëren of bij één blijven?

Volgens de overgrote meerderheid van de deskundige financiële adviseurs is diversificatie de hoeksteen van een succesvolle beleggingsportefeuille. Het diversifiëren van hun beleggingen vermindert het gevaar dat zij al hun activa verliezen als een bepaalde belegging mislukt.

Hoewel het verleidelijk kan zijn om onmiddellijk grote hoeveelheden geld te beleggen, moeten beginnende beleggers het mogelijke rendement afwegen tegen de gevaren waaraan zij zich op de beleggingsmarkt blootstellen.

Gebruik maken van de diensten van een gekwalificeerde beleggingsadviseur.

Een beleggingsadviseur is een financieel planner die af en toe kan helpen bij alle financiële zorgen. Een professionele beleggingsadviseur kan beginnende beleggers de fundamentele informatie bieden die nodig is om een portefeuille samen te stellen. Sommige beleggingsadviseurs worden vergoed op basis van een deel van de waarde van het beheerde vermogen, terwijl anderen een uurtarief in rekening brengen of op provisiebasis worden vergoed.

De gemakkelijkste manier voor beleggers om deze kosten te vermijden is onderzoek te doen en te beginnen met beleggingsfondsen of ETF's die door betrouwbare bedrijven worden geleverd.

HOE RIJK TE WORDEN ALS BELEGGER.

Investeringen kunnen het best worden gedefinieerd als het besteden van geld, tijd en moeite aan een bedrijf of andere onderneming met de verwachting dat er een rendement uit voortkomt. Het kan onder meer gaan om onroerend goed, beleggingsfondsen, aandelen en deviezen. Ongeacht het type investering zijn er richtlijnen en instructies voor het bereiken van resultaten die, indien gevolgd, resulteren in veel meer succes.

Voordat men zich met om het even welk type belegging bezighoudt, ongeacht de financiële draagkracht, is het van vitaal belang zich vertrouwd te maken met de regels en richtsnoeren, gezien het hoge risiconiveau dat met de meeste beleggingen gepaard gaat, om te voorkomen dat men het voorwerp wordt van medelijden als gevolg van een fout die is veroorzaakt doordat men zich niet aan de regels heeft gehouden.

De (SEC) of Securities and Exchange Commission van de Verenigde Staten definieert een persoon als een gemiddelde belegger als hij een jaarinkomen heeft van $200.000 of meer, $300.000 of meer als koppel, of een nettowaarde van $1 miljoen of meer.

Deze SEC-regelgeving is bedoeld om de gemiddelde belegger te beschermen tegen enkele van de slechtste en meest risicovolle beleggingen ter wereld. Deze beleggersvereisten isoleren de gemiddelde belegger ook van enkele van 's werelds beste beleggingen.

Aangezien miljoenen aspirant-beleggers onder de gemiddelde belegger vallen, zou het onrechtvaardig en deprimerend zijn om voortdurend te verwijzen naar gemiddelde en rijke beleggers zonder arme beleggers te noemen wanneer beleggingskwesties worden besproken. Per slot van rekening zijn ze allebei vanuit het niets begonnen.

Een progressieve transformatie die hen veranderde in wat ze nu zijn. Zodra er leven is, is er hoop voor de gemiddelde mens en een overvloed aan investeringsmogelijkheden in de toekomst.

Daarom wordt een investering met een kleine hoeveelheid toegankelijk kapitaal sterk aanbevolen voor de arme belegger, die zijn doelen zou bereiken met voorzichtigheid, minimale inspanning, tijd, hoop, geloof en geduld.

Een essentieel aspect van beleggen is iemands mentaliteit. De mentale capaciteit om de uitdagende taken van beleggen aan te kunnen. Niets in het leven is gemakkelijk! Voordat men op reis gaat om te beleggen, moet men zich enkele essentiële vragen stellen. Deze vragen zijn:

- Ben ik echt vastbesloten om een investering te beginnen?

- Welk soort belegging is geschikt voor mij?

- Hoeveel fondsen heb ik nodig om een investering te initiëren?

- Moet ik alleen of samen met anderen investeren?

- Wat is mijn risicotolerantie?

Wanneer iemand deze vragen correct beantwoordt en toch zijn geld wil investeren, is hij gekwalificeerd voor het volgende niveau van beleggingssucces.

Welk soort belegging het best bij een persoon past, hangt volledig af van de reeds beschikbare soorten beleggingen - onroerend goed, beleggingsfondsen, aandelen, deviezen, enz. - de hoeveelheid kapitaal waarover het individu beschikt en zijn of haar bijzondere belangstelling voor specifieke beleggingsvormen. Al deze informatie helpt hem te bepalen welk type belegging het beste bij hem past.

Kapitaal mag geen grote zorg zijn. De individualiteit en de aard van de investering bepalen het kapitaal dat nodig is om een onderneming te starten. Er zijn beleggingen, aandelen, waarin men met slechts een paar centen kan investeren. Bijgevolg is geld bijna betekenisloos bij het bespreken van penny stocks en mag het individuen er nooit van weerhouden hun geld te investeren.

Alleen of met anderen investeren is een volledig persoonlijke beslissing. Elke investering is aanwezig. Als beginner is het sterk aan te raden om samen te beleggen. Gezien de inherente gevaren van beleggingen, die net als bij de winst altijd over de beleggers zullen worden verdeeld in verhouding tot het door ieder geïnvesteerde bedrag, is dat een ideaal uitgangspunt. Alleen beleggen is echter ook voordelig.

Nog voordeliger is het als men de gevaren van beleggingen door één persoon kan verdragen. De voordelen van een solobelegging worden nooit gedeeld met iemand anders dan de enige belegger, die ze allemaal houdt. Daarom wordt de beslissing overgelaten aan het individu, rekening houdend met geschiktheid en gemak.

Hoewel aan de meeste beleggingen een aanzienlijk risico is verbonden, zijn de potentiële risico's groter naarmate er meer kapitaal wordt uitgegeven. Afhankelijk van de beleggingsstrategie geldt dat hoe meer kapitaal wordt besteed, hoe groter het potentiële beleggingsrendement. Het is een kwestie van verhouding. De mogelijkheid om een rijke, gemiddelde of arme belegger te worden ligt buiten de deur.

Dit is de laatste stap en leidt tot een grotere aanpassing van iemands financiële situatie op basis van risicotolerantie. Met een moedige stap en een strikte naleving van de regels en richtsnoeren die in dit deel zijn uiteengezet, is succes als belegger zeker.

HOE JE VANDAAG KUNT BEGINNEN MET INVESTEREN MET HET GELD DAT JE NU UITGEEFT.

Veel mensen betreden de arbeidsmarkt na hun afstuderen en gaan halsoverkop de volwassenheid in. Het inkomen uit een baan wordt onmiddellijk besteed aan verplichtingen, voedsel en entertainment - allemaal essentiële en luxe levensbehoeften.

Dit wordt gewoonlijk een "ratrace" genoemd. Elke maand is hetzelfde: inkomsten worden ontvangen en uitgegeven. Eenmaal gevangen, is het uiterst moeilijk om te ontsnappen, maar niet onmogelijk.

Nu hangt de hoeveelheid geld die je op je werk verdient af van je vermogen om een taak of functie uit te voeren en de hoeveelheid tijd die je daaraan besteedt. In wezen is het de ruil van tijd voor geld via een aangeleerd talent, maar dit kan toch niet eeuwig doorgaan? Wat gebeurt er als je te oud wordt om dit werk te doen?

Helaas duurt het voor sommige mensen erg lang. Wanneer mensen die niet investeren in zaken die inkomen genereren, al dan niet werken, niet meer kunnen werken, zullen zij hun huidige levensstandaard handhaven.

Totdat de meeste mensen een carrièrebaan krijgen met fatsoenlijke voordelen (inclusief een 401k), investeren zij hun geld zelden. Geld wordt net zo snel gecreëerd en uitgegeven als het wordt verdiend, waardoor iemand op dat moment de eerste levensbehoeften en het comfort heeft - en meer - maar niet veel voor een gelukkige toekomst na het wegvallen van de inkomsten uit arbeid.

Op een bepaald moment in zijn leven moet iedereen het feit onder ogen zien dat werk hem niet zal voorzien van alles wat hij wenst of nodig heeft, vooral na zijn pensionering. Beleggen is iets dat idealiter vroeg in het leven wordt geleerd.

Om het belang van beleggen te begrijpen, moet men eerst begrijpen wat beleggen is. Een investering is een eenmalig middel om inkomsten te genereren. Dit werk kan soms intensief en tijdrovend zijn, maar het kan gedurende vele jaren inkomsten opleveren zonder dat het dezelfde inspanning of tijd vergt.

Als u uitgebreid onderzoek doet om een huis te kopen voor beleggingsdoeleinden, hoeft u dat onderzoek maar één keer te doen. Zodra u een investering koopt, zal deze met minimale inspanning winst opleveren.

Als u een boek schrijft en het op een website zet om te verkopen, hoeft u het maar één keer te schrijven, en het zal inkomsten blijven genereren zolang het beschikbaar is op het internet of in de boekhandel. Als u de aandelen van een bedrijf onderzoekt en de ideale uitkiest, investeert u het; uw geld zal gaan werken en verdienen zonder dat u zich ermee bemoeit.

Dit zijn slechts eenvoudige beleggingsvoorbeelden die enige inspanning vergen. Als u weet wat u doet, is geld verdienen met beleggen veel eenvoudiger dan met een baan. Het onderscheid tussen een belegging en een baan ligt in de tijd en moeite die nodig zijn om inkomen te genereren.

Het mooie van beleggen in de aandelenmarkt (of het nu gaat om conventionele buy-and-hold-and-sell handel, 401(k) beleggen of opties) is dat als u eenmaal de kneepjes van het vak hebt geleerd, u gewoon door kunt gaan en uw geld het zware werk kunt laten doen terwijl u van uw leven geniet.

Er is een MASSIEVE hindernis die iedereen moet overwinnen alvorens te investeren. Hoe kom je aan geld om in je bedrijf te investeren? Als je in een "rat race" leeft, raak je uiteindelijk gevangen in een onmogelijke cirkel waar je heel moeilijk aan kunt ontsnappen.

Maak je geen zorgen! Je hebt geld. Je beseft het alleen nog niet.

Ongeacht het soort investering dat u van plan bent te beginnen, er zijn manieren om te beginnen met het vergaren van "geld" door een paar aanpassingen in uw levensstijl. Het zal langzaam maar zeker veranderen in iets wat u niet voor mogelijk houdt.

Een "Round Up" spaarrekening is een relatief snelle manier om beleggingsfondsen op te bouwen. Met deze rekening kunt u sparen en geld verzamelen op basis van uw dagelijkse uitgaven.

U koppelt uw betaalrekeningen of creditcards aan uw Round Up rekening, en bij elke transactie rondt deze rekening naar boven af op de dichtstbijzijnde dollar. Niet veel moeite, toch? Deze beleggingsrekening doet de rest. Ze zet het verschil op een beleggingsplatform dat de groei van uw fondsen versnelt.

Als u bijvoorbeeld 20,57 dollar voor een artikel hebt betaald, wordt het totaal afgerond op 21,00 dollar. Het afgeronde bedrag, oftewel $0,43, wordt op uw rekening gestort en verdeeld over meerdere aandelen op basis van uw rekeninginstellingen.

Als u maandelijks 50 aankopen doet op uw betaalrekening en elke transactie naar boven afrondt met gemiddeld $0,35, bespaart u die maand $17,50. Dat is een besparing van $ 210,00 per jaar door aankopen naar boven af te ronden.

De waarde van de op deze rondrekening belegde middelen fluctueert met de beurs. Bij een stijging van 5% per jaar stijgt de koers met $10,50. Bovendien genereren bepaalde aandelen waarin uw fondsen zijn belegd, dividenden die automatisch op uw rekening worden herbelegd.

Het lijkt nu misschien niet veel, maar het zal mettertijd blijven groeien. Dit is een investering die vrij snel kan toenemen als u voortdurend bijstort. Als u elke maand extra geld hebt dat u wilt sparen, kunt u andere stortingen op uw rekening doen om deze nog sneller te laten groeien.

Een Round Up Spaarrekening is slechts een opstapje naar een hoger niveau van beleggen, zoals aandelenhandel, optiehandel, een pensioenbeleggingsrekening, onroerend goed, of iets anders dat u kunt beleggen om meer geld te verdienen.

Zodra u voldoende investeringskapitaal op uw Round Up rekening hebt verzameld, kunt u dit te allen tijde opnemen en gebruiken om activa te kopen (dingen die geld opleveren, in plaats van verplichtingen) of om te investeren in aandelen om mettertijd nog meer geld te verdienen.

DEEL 3 - SCHULDENVRIJ.

De volgende essentiële stap in uw mentaliteit om rijkdom te creëren is uzelf schuldenvrij te beschouwen. Aangezien u geen rijkdom kunt opbouwen als uw middelen worden opgegeten door schulden, kunnen uitgaven een van de belangrijkste redenen zijn voor stress en ongelukkigheid in uw leven, vooral als uw schuld blijft oplopen en er nooit een einde lijkt te komen aan uw betalingen.

Hoewel krediet het instant plezier geeft waar we allemaal naar verlangen, berooft het je van de kans om echte, duurzame rijkdom op te bouwen, en als je jezelf eenmaal toestaat schulden te maken, is het meestal een uitdaging om eraan te ontsnappen. Het is gemakkelijk om bedolven te raken onder de rente en servicekosten van creditcards, laat staan andere consumentenleningen!

Maar hoeveel schulden u ook heeft, er is nog hoop. Daarom moet u zich zo snel mogelijk schuldenvrij maken en elke kredietaanbieding kritisch beoordelen. Een andere belangrijke stap is het bepalen van de maandelijkse kosten van uw schuld. Zo weet u hoeveel uw schuld maandelijks kost aan rente en kosten. U zult versteld staan hoe verhelderend deze kleine activiteit is.

Als u geen schulden had, kon u het geld gebruiken om mettertijd rijkdom te genereren.

Daarom is het absoluut noodzakelijk dat u uw schuld zo snel mogelijk wegwerkt, en een van de meest doeltreffende manieren is een schuldreductieplan dat u bij elke looncheque die u ontvangt wilt uitvoeren.

Ook zou het goed zijn als u iemand had aan wie u verantwoording moest afleggen over uw activiteiten en schuldverminderingsstrategie, zoals een vertrouwde vriend die uw doel om schuldenvrij te worden deelt, of een financiële coach.

En als u kinderen hebt, zorg er dan voor dat zij op de hoogte zijn van uw handelingen, zodat u als rolmodel voor hen kunt dienen. Gewoonlijk imiteren kinderen hun ouders. Daarom is dit een uitstekend moment om hen te wijzen op het schadelijke effect van schulden op het opbouwen van vermogen. Daarnaast is het werkboek Taking Control of Your Money een waardevol hulpmiddel.

Geld uitgeven brengt ongetwijfeld spanning en een emotionele kick. Toch mag u nooit vergeten dat elke dollar die u uitgeeft, uw financiële toekomst en vermogensopbouw in gevaar kan brengen, in plaats van te vergroten.

Bijgevolg moet u proberen het rendement op elke uitgegeven dollar te maximaliseren. Want als u voor uw dollars zorgt, zorgen de tieners en twintigers voor zichzelf. Als je erover nadenkt, is niets schadelijker voor je financiële leven dan schulden. Schuld berooft u van uw zuurverdiende geld vandaag en de rijkdom die u morgen kunt vergaren.

Helaas bent u niet de enige die denkt dat het moeilijk is om zonder schulden te leven; we leven in een maatschappij waarin schulden worden verwacht en onvermijdelijk worden geacht, maar hebt u zich ooit voorgesteld hoe het leven zou zijn zonder schulden?

Om aan het eind van de maand naar het postkantoor te kunnen gaan zonder bang te zijn dat er schulden op je wachten! Of de mogelijkheid om de telefoon op te nemen zonder je zorgen te maken over wie er aan de andere kant zit.

Terwijl anderen misschien geloven dat schuldenvrij leven een mythe is en dat het aanvaardbaar is om financieel gestrest te zijn, zou het niet geweldig zijn als dit niet uw norm was? Net als de melaatsen in 2 Koningen 7 kunt u nu besluiten dat u de huidige quo niet blijft accepteren en in plaats daarvan iets radicaals gaat doen: schuldenvrij worden.

Je zult veranderingen voelen in elk deel van je leven als gevolg van deze ene verandering:

- Zonder consumentenschuld is het leven vanuit financieel oogpunt aanzienlijk eenvoudiger.

- U zult zich emotioneel opgelucht voelen omdat een zeer grote last van uw schouders is genomen.
- Fysiek is het gezonder om schuldenvrij te zijn, want mentale spanning uit zich vaak in lichamelijke kwalen.
- Gods plan voor je leven volgen zal gemakkelijker zijn zonder consumentenschuld.
- Zonder consumentenschuld heb je een enorme flexibiliteit.

Heb je ooit nagedacht over de definitie van het woord "consumeren"? Het betekent "volledig consumeren" of "afbreken". Consumentenschuld is elke schuld die men heeft gekregen voor producten die mettertijd in waarde afnemen, zoals creditcard-, meubel-, reis-, kleding- en autoschuld.

Hoewel uw hypotheek nu misschien niet op de lijst staat, kunt u deze schuld wegwerken zodra u deze andere betalingen niet meer hoeft te doen.

Maar blijf een consument. U zult nooit financiële onafhankelijkheid kunnen bereiken, want "schuldenvrij leven" is een van de meest essentiële stappen naar verstandig geldbeheer en de snelste weg naar vermogensopbouw.

Het goede nieuws is dat het haalbaar is om deze schuld weg te werken! En als u eenmaal schuldenvrij bent, is het mogelijk om de rest van uw leven schuldenvrij te blijven. Echter, de hoeveelheid tijd en werk die nodig is hangt af van de hoeveelheid schuld die u heeft.

Zoals bij het doorbreken van elke gewoonte, vereist het ontsnappen aan schulden bepaalde gedrags- en cognitieve aanpassingen. Dit is essentieel omdat het maar al te vaak voorkomt dat mensen die een manier vinden om snel uit de schulden te komen, uiteindelijk weer in de schulden belanden omdat hun financiële situatie wel is veranderd, maar hun waarden niet. Vergeet niet dat het enige tijd zal kosten, en dat herzieningen nodig zullen zijn.

Aangezien u een verandering overweegt, waarom wilt u uw schuld wegwerken? Wat is uw motief? Wees u er altijd van bewust waarom u een verandering doorvoert, want dat zal u inspireren tijdens moeilijke momenten.

Wanneer u schuldenvrij bent, welke financiële doelen wilt u dan bereiken?

Heeft u voldoende geld voor uw gemoedsrust? (Geld om de onvoorziene calamiteiten van het leven te betalen, zoals ziekte, autopech en woningonderhoud.

Wilt u liever sparen voor een auto of een woning?

Welke religieuze of non-profit organisatie wilt u steunen?

Houd deze motieven en doelen in gedachten, want als u zich uw doelen herinnert, blijft u op koers.

Ten slotte, besef je hoe je in de schulden raakt?

Het antwoord op deze vraag is essentieel omdat het u in staat stelt de oorzaak van uw schuld te begrijpen. Zoals meestal het geval is, zijn echtscheiding, bedrijfsfaillissement, of gewoon leven boven mijn stand de oorzaken van mijn schuld. Werkloosheid, medische problemen, enz. kunnen uw schuld veroorzaakt hebben.

Nu u begrijpt hoe u in de schulden bent geraakt, moet u kiezen waarom u eruit wilt stappen en wat u gaat doen als u dat doet. Hier zijn negen strategieën om u definitief te bevrijden van consumentenschulden.

Doe een toezegging.

Schrijf je belofte op. Het doen van een belofte heeft iets krachtigs. Als je eenmaal een belofte hebt gedaan, moet je die op papier zetten, ondertekenen en dateren. Ga dan nog een stap verder door het te delen met een vertrouwde vriend of familielid en hem of haar te vragen u te helpen uw schuldenvrije doel na te streven.

Bepaal waar je nu staat.

U moet duidelijk weten waar u staat en hoeveel u verschuldigd bent om uw bestemming te bereiken.

Vermeld het totale verschuldigde bedrag, de minimale maandelijkse betaling en de rentevoet van elke schuldeiser.

Stel prioriteiten.

Geef prioriteit aan uw schuld door een 1 te geven aan het laagste saldo, een 2 aan het volgende hoogste, enzovoort. Voor leningen met vergelijkbare bedragen moet de hogere rente voorrang krijgen.

Stel een bestedingsplan op.

De sleutel tot het wegwerken van schulden is het doen van betalingen boven het vereiste minimum. Uw bestedingsplan en uw vaardigheden op het gebied van geldbeheer zullen u helpen meer geld te vinden voor uw schulden.

Doe het gewoon.

Stop met praten en begin met handelen. Onthoud dat kennis geen macht is; alleen de toepassing van informatie creëert macht! Betaal eerst de kleinste lening af. Zodra die lening is afbetaald, rolt u het hele betalingsbedrag door naar de volgende rekening en de volgende tot u schuldenvrij bent.

Blijf doorgaan.

Je zult obstakels tegenkomen, maar die mag je niet tegenhouden. Concentreer je op je doel en ga door.

Bespaar wat geld.

Voordat u begint, moet u ten minste een maand levensonderhoud op een gemoedsrekening hebben staan.

Wees een goede rentmeester.

God zal uw plan vaststellen als u uw verbintenis met uw plaatselijke kerk nakomt.

Hoe eerder u drastische maatregelen neemt en zo snel mogelijk schuldenvrij wordt, hoe meer tijd u zult hebben om een welvarend en aangenaam leven te leiden!

HOE JE DE PSYCHOLOGIE VAN SCHULD BEGRIJPT EN UIT DE SCHULDEN KOMT.

Voor alle vermogensvorming en succes in het leven is een strategie nodig, of het nu gaat om een beleggingsstrategie, een fiscale strategie, een financiële strategie, een leenstrategie, een diversificatiestrategie of een inkomensstrategie. Daarbij hoort natuurlijk een strategie voor schuldvermindering.

Er zijn een paar manieren om dit vanuit een schuldreductieplan te benaderen; laten we er nu een paar behandelen.

Hoe te beginnen, en wat te doen.

Voor elke lening die moet worden terugbetaald, moeten enkele essentiële taken worden uitgevoerd.

1. Vind andere geldstromen om meer dan het minimumbedrag op één schuld te betalen. Neem de tijd om uw financiële status te beoordelen en te bepalen waar en hoe uw geldstromen lopen.

2. Bel uw nutsbedrijven, verzekeringsmaatschappijen, communicatiebedrijven en kredietverstrekkers en onderhandel met elk van hen over een betere prijs. Het zal u verbazen hoe vaak u een beter aanbod kunt krijgen door het gewoon te vragen! Een betere deal kan zijn in de vorm van een goedkopere rente, een langere betalingstermijn, een andere betalingsmethode, of iets anders. Bepaal wat u idealiter nodig heeft om uw schuld af te lossen, schrijf het op en vraag ernaar.

3. Stel een volgorde van schuldaflossing vast - ik zal daar hieronder dieper op ingaan.

Uw rangorde van schuldaflossing.

Handel het onmiddellijk af.

Het lijkt duidelijk dat bepaalde schulden dringender zijn dan andere; als incassobureaus u achtervolgen, helpt het niet de rekening te negeren en te hopen dat hij verdwijnt. Het is duidelijk dat u deze eerst moet afhandelen en de andere moet behouden om te voorkomen dat de kosten zich opstapelen, om uw kredietgeschiedenis te behouden en, het belangrijkste, om uw gezond verstand te bewaren.

We belanden in een constante reactieve staat, waardoor we ons moeten richten op het voortdurend blussen van brandjes in plaats van op de belangrijkste aspecten van ons leven, en dat is geen prettige ervaring.

Plan om eerst de meest dringende rekeningen aan te pakken of, nog beter, bel uw schuldeiser en onderhandel over de voorwaarden van de schuld om deze "niet dringend" te maken, zodat u daarna alle verplichtingen in gelijke mate kunt aanpakken.

4. De hoogste prioriteit eerst.

Puur financieel gezien is het altijd raadzaam om eerst de schuld met de hoogste rente weg te werken, want daarmee bespaart u het meeste geld. Begin met de schuld met de hoogste rente, betaal het absolute minimum op alle andere rekeningen, en richt u daar eerst op, omdat die het duurst zijn.

Geef eerst uw kleinste schuld voorrang om uw gedachten te bevrijden.

Eerder heb ik gezegd dat focussen op de schuld met de hoogste rente het meest effectieve financiële plan is om schulden af te bouwen. Er is echter ook een psychologische component die een even grote invloed kan hebben op uw vermogen om uw schuld volledig te verminderen, vooral wanneer u meerdere schulden hebt en een groot bedrag; het kan voelen als een onmogelijke en onbereikbare taak en ons in een staat van hulpeloosheid brengen, wat geen erg vindingrijke staat is om vanuit te opereren.

Daarom is de psychologische toestand waarin u moet verkeren ook essentieel naast de financiële strategie achter de schuldvermindering. U krijgt vaart wanneer u prioriteit geeft aan het wegwerken van uw verplichtingen van het laagste saldo naar het hoogste. Wanneer u verschillende schulden begint af te strepen, kunt u de tastbare voordelen en het succes van uw plan waarnemen.

Momentum is een zeer krachtige kracht. Vooruitgang veroorzaakt momentum, momentum stimuleert toewijding, en dingen gaan plotseling sneller als je op dreef bent. Uw schuld wordt minder een last en meer een te overwinnen taak, en u krijgt het vertrouwen dat u uw doelen kunt bereiken. Dus, zodra de schuld is afbetaald, gebruik dit momentum om in de toekomst rijkdom te creëren.

De door u gekozen volgorde zal sterk afhangen van wie u bent en hoe goed u uw persoonlijkheid, motivatie en toewijding begrijpt. Het werken met honderden klanten om hun schuld te verminderen en hen op het pad naar vermogensvorming te zetten, heeft mij geleerd dat beide even effectief zijn.

5. Snowflake het.

Dit is een eenvoudig maar zeer succesvol idee. We concentreren ons op het doen van minimale betalingen op de meeste van uw rekeningen en concentreren ons op slechts één. Zodra de eerste lening is afbetaald, neemt u de minimale betaling die u deed plus eventuele andere middelen die u had toegezegd en richt u zich op uw tweede prioriteitsrekening.

Zodra deze is afbetaald, past u alles van de eerste twee schulden plus eventuele extra cashflow toe op de derde schuld totdat alle schulden zijn afbetaald. Omdat u doorgaat met het doorrollen van uw minimale betalingen naar beneden, genereert dit een sneeuwbaleffect dat uw saldo snel vermindert.

U vindt Tijd om je financiën onder controle te krijgen ook interessant.

1. Behandel uw financiën als een bedrijf.

Na het voltooien van deze stappen moet u ervoor zorgen dat u nooit meer in de schuldenval trapt en, belangrijker nog, overgaat tot het creëren van rijkdom. Helaas beheren de meeste mensen hun financiën alleen wanneer er rekeningen te betalen zijn, er noodsituaties zijn of diepe schulden.

Maar als u van tevoren tijd had besteed aan het nemen van initiatief bij het beheren van uw financiën, zou u zich waarschijnlijk niet in dit scenario bevinden. Begin onmiddellijk proactief met uw financieel beheer en beheer uw financiële leven alsof het een bedrijf is; winstgevendheid is de hoeksteen van elk succesvol bedrijf.

Bepaal waar je nu staat. Maak een inkomsten- en een balans van je leven. Wat zijn uw schulden? Welke middelen? Wat is uw inkomende en uitgaande geldstroom? Stel een budget op dat wekelijks winst oplevert.

2. Houd je uitgaven een paar weken bij (liefst vier), koop een klein notitieblokje en draag het overal bij je, download een paar slimme mobiele applicaties, of koppel een uitgaven-tracker aan je bankrekeningen. Er zijn enkele opmerkelijke tools beschikbaar.

Dit zal u enorme duidelijkheid verschaffen over uw huidige financiële situatie en waar uw geld naartoe gaat, en u verantwoordelijk houden telkens wanneer u uw portemonnee trekt om geld uit te geven. U zult elke aankoop opnieuw overwegen.

3. Bepaal je beoogde bestemming. Wanneer je een sterk doel hebt en een reeks doelen achter je vermogensvorming en waarom je rijkdom in je leven wilt opbouwen, is je toewijding om trouw te blijven aan je missie en doelen uiterst krachtig.

4. Ontwikkel een financieel en investeringsplan - Begin met het verminderen van uw slechte schulden en ontwikkel een plan voor het vergaren van rijkdom en het investeren in groeiaandelen. Neem een coach als u niet zeker weet hoe u verder moet gaan, iemand die u in de juiste richting kan wijzen. Als u de juiste coach inhuurt, zou u een aanzienlijk beter rendement op uw investering moeten krijgen dan de kosten van het inhuren van die persoon.

5. Ook is een financieel planner niet noodzakelijk een bekwaam coach of heeft hij ooit zelf rijkdom vergaard,

maar meent hij het toch te kunnen leren. Focus op resultaten, niet op kwalificaties. Kwalificaties zijn eenvoudig, maar resultaten zijn uiterst ongewoon.

6. Als je een uitgavenprobleem hebt, plak dan post-it briefjes met de vraag "heb je dit nodig?" op je creditcard. Geef jezelf wekelijks zakgeld en laat je creditcards thuis. Het doel is je voor te bereiden op mogelijke obstakels en eerlijk te zijn over je sterke punten en beperkingen om tegenmaatregelen te bedenken.

7. Plan periodieke beoordelingssessies. Een van de krachtigste gewoonten die je kunt creëren is een vermogensavond, tijd die je eens per week opzij zet waarin je doelgericht je geld beheert en je resultaten evalueert - toen ik dit in mijn leven deed. De feedback die ik heb gekregen van veel klanten die ik op deze gewoonte heb gezet, is dat ze zich voor het eerst meester voelen over hun financiën in plaats van zich voortdurend overgeleverd te voelen aan hun geld.

SLECHTE SCHULDEN KUNNEN JE RIJKDOM RUÏNEREN.

Bad Debt kan ketenen u en stoppen uw inspanningen om rijkdom op te bouwen. Een van de meest voorkomende fouten die vastgoedbeleggers maken is het aangaan van te veel slechte schulden - denk eraan, dit is schuld die geen inkomsten genereert of een rente heeft die niet fiscaal aftrekbaar is!

Wanneer u een nieuwe lening aanvraagt om een beleggingspand te kopen, wordt het bedrag van uw inkomen dat nodig is om uw slechte schuld af te lossen, afgetrokken van uw totale inkomen, dat vervolgens wordt gebruikt om te bepalen hoeveel u kunt lenen.

Uw leencapaciteit zal worden verminderd als gevolg van uw slechte schuld; het exacte bedrag zal afhangen van hoeveel slechte schuld u heeft. De meeste mensen beseffen niet hoe schadelijk slechte schulden kunnen zijn voor hun vermogen om te lenen.

Hoe kunt u verwachten dat een geldschieter u geld voorschiet om een beleggingspand te creëren als uw enige activa bestaan uit creditcardrekeningen, afschriften van persoonlijke leningen en een flinke hypotheek op uw woning?

Ik begrijp niet altijd hoe mensen tot aan hun kredietlimiet kunnen lenen om hun eigendom te overkappen, waardoor er weinig overblijft voor de toekomst. Ze halen hun slechte schulden op, doen maandelijkse minimumbetalingen, en vragen zich af waarom banken hen geen extra geld geven om een beleggingspand te kopen!

Ik ben me ervan bewust dat we zijn opgevoed in een wereld waarin geld lenen, vooral slechte schulden, een geaccepteerde praktijk is, en het lijkt erop dat deze mentaliteit van generatie op generatie wordt doorgegeven. Deze mentaliteit heeft veel programma's voor het lenen van slechte schulden voortgebracht, die mensen in staat stellen te lenen zonder rente en terugbetaling gedurende maximaal vier jaar.

Uit de statistieken blijkt dat de meeste mensen niet op de vervaldag betalen en daardoor exorbitante rentevoeten oplopen. Als u van plan bent op jonge leeftijd met pensioen te gaan, in een ligstoel te luieren, van het leven te genieten en golf te spelen, moet u de slechte schulden uit uw investeringsberekeningen weglaten.

Slechte schulden afbetalen is een eenvoudige aanpak die iedereen zou moeten leren. Hoe groter uw slechte schuld, hoe meer u gedwongen bent te werken om deze af te betalen. Je staat minder onder druk om meer te verdienen als je minder slechte schulden hebt.

UW STRATEGIE OM SCHULDEN TE VERMINDEREN.

Eerst moet u een budget opstellen en invullen om te bepalen hoeveel extra geld u elke week kunt besteden aan het afbetalen van de slechte schuld. U moet doorgaan met de maandelijkse betalingen op al uw leningen, terwijl u het saldo van één lening afbetaalt.

Een basisscenario:

- Persoonlijke lening: $190,00 maandelijkse betaling
- Credit Card: maandelijks $280,00
- Lening voor een boot: 310,00 dollar per maand.
- Auto lening: $750.00 maandelijks.

Het plan is om uw kleinste slechte schuld te nemen en de maandelijkse betaling met minstens $50 te verhogen. Daarom betaalt u maandelijks $240,00 op uw lening totdat deze is terugbetaald.

Vervolgens stopt u de $240 die u niet meer uitgeeft aan uw lening in uw volgende laagste slechte schuld, uw creditcard. Uw nieuwe creditcardbetalingsbedrag is nu $520,00.

Pas deze methode toe op elke rekening totdat u schuldenvrij bent.

Uw financiën beheren vereist discipline, maar het kan ongelooflijk lonend zijn.

Het geheim van een vroeger en welvarender pensioen is geen slechte schulden hebben en alleen maar goede schulden. Goede schulden leveren geld op en/of leveren fiscaal aftrekbare rente op. De ATO staat u toe de uitgaven voor onroerend goed af te wegen tegen uw eigen inkomen en de inkomsten uit het onroerend goed, zodat u in feite minder belasting betaalt dan normaal het geval zou zijn.

Het bijkomende voordeel dat echte rijkdom genereert is de waardevermeerdering van het onroerend goed in de loop der tijd. Wanneer deze methode herhaaldelijk wordt uitgebalanceerd, zijn de resultaten gewoonweg verbluffend.

U kunt de waarde van woningen verhogen door reparatie, verkaveling en andere activiteiten met toegevoegde waarde. U kunt ook korting krijgen door onderzoek en onderhandelen.

De meeste vastgoedbeleggers kunnen zich niet de tijd of de kennis veroorloven om hun eigendommen te beheren. Zij genereren inkomen uit andere bronnen; onroerend goed is slechts een vehikel om hun inkomen uit andere bronnen op te slaan en te laten groeien. Er zijn vele manieren om via onroerend goed sneller geld te verdienen, maar het hangt af van uw bereidheid en vermogen om te werken.

Een relatief klein deel van de vastgoedinvesteerders werkt hard aan hun vastgoed; sommigen laten zelfs hun carrière en ondernemingen varen om zich daarop te concentreren. Afhankelijk van het type belegger dat u bent, evalueert u uw vastgoed volgens uw specifieke eisen.

De kwaliteit van een vastgoedbelegging kan worden bepaald door de mate waarin deze voldoet aan de behoeften van de belegger op een bepaald moment; bijgevolg is de prestatie van een vastgoedbelegging een subjectieve meting voor de belegger en heeft zij minimale relevantie voor anderen.

Vermogensontwikkeling is grotendeels onafhankelijk van externe marktomstandigheden, een zelfgestuurd proces. Mensen proberen vaak laag te kopen en hoog te verkopen, maar de meesten van ons kunnen deze timing nooit perfectioneren. Het optimale moment om te kopen is wanneer u financieel voorbereid bent; het is belangrijker dat u voorbereid bent dan dat anderen voor u voorbereid zijn.

OM SCHULDEN OM TE ZETTEN IN RIJKDOM.

Stap 1 - Krijg een duidelijk beeld van uw huidige situatie.

Jezelf irriteren. Als je de nodige veranderingen in je financiële structuur wilt aanbrengen, moet je extreem onrustig worden. Ik vind het prachtig hoe Tony Robbins dit bespreekt. Hij bespreekt gewichtsverlies, maar draagt mensen op zich uit te kleden, voor een spiegel te gaan staan en hun achterwerk te onderzoeken.

Om dit te bereiken, moet u een duidelijk inzicht hebben in uw schuld. Schrijf het in detail uit. Noteer op een stuk papier al uw schulden, niet alleen de maandelijkse betalingen maar ook de saldi. Als u een huis bezit, kunt u dat voorlopig van de lijst schrappen. Het huis kan later worden aangepakt, want het is bijna altijd de duurste post en zal als laatste worden afbetaald.

Stap 2 - Begin uw uitgaven te controleren.

Koop een spiraalvormig notitieblok dat u altijd bij u kunt dragen. Noteer ELKE kosten die u maakt, ELKE dollar die u uitgeeft, ALLES! Nogmaals, u moet vaststellen waar de lekken zitten om uw uitgaven te corrigeren. Mensen die een eetdagboek bijhouden hebben 77% meer kans om af te vallen tijdens een dieet dan mensen die dat niet doen. Hetzelfde geldt voor schuldvermindering. Houd uw dagboek altijd bij u.

Het maken van een "Is het de moeite waard?" blad is een andere mentale truc. Deze zijn nuttig omdat ze de kosten van lopende uitgaven laten zien. Als u wilt, kunt u er zelf een maken. U hoeft alleen maar een lijst samen te stellen van producten die u graag koopt, hun prijzen en de waarde van dat geld over één jaar, vijf jaar, tien jaar en vijfentwintig jaar als het elk jaar wordt geïnvesteerd tegen 8 tot 10 procent.

Over tien jaar kan een kop koffie bij Starbucks je honderden kosten, en een avondje uit kan je 50.000 dollar kosten. Ik kan tenminste een geïnformeerde beslissing nemen als ik de kosten ken.

Stap 3: Zoek een verantwoordingspersoon.

Er is geen betere manier om je succes te vergroten dan een partner die je verantwoordelijk houdt. Vraag een vriend om je cijfers te analyseren en je dagboek, uitgaven, enz. te bespreken. een keer per week of een keer per maand (een week heeft de voorkeur, maar dat hangt af van je vriend).

Zorg ervoor dat kinderen beseffen dat het hun verantwoordelijkheid is om u ter verantwoording te roepen en dat zij moeilijke vragen moeten stellen wanneer u meer uitgeeft dan nodig is. Dat is hun doel om er te zijn. Als je het moeilijk hebt, moet je de oorzaken onderzoeken, strategieën vragen om je te helpen, en hulp krijgen bij het vaststellen van procedures.

Stap 4: Stop met het gebruik van kredietkaarten!

Je hebt gehoord dat het gebruik van een creditcard je kredietscore positief beïnvloedt. Ik zou liever schuldenvrij zijn, zonder creditcards, en elke maand duizenden dollars op de bank hebben staan, zodat ik nooit krediet hoef te gebruiken! Maakt het uit als je nooit de rijkdom kunt opbouwen die je wenst, maar wel een uitstekend krediet hebt?

Stop, indien mogelijk, volledig met het gebruik van creditcards. Doe uw kaart in een plastic zak, leg de zak in een papieren beker, vul de beker met water en bevries de kaart. Als u die kaart echt nodig hebt, moet u hard werken om hem terug te krijgen. Verwarm de kaart niet in de magnetron om het ijs te laten smelten; de kaart raakt dan beschadigd.

Stap 5: Methoden vinden om extra geld te verdienen.

Meer geld zal onmiddellijke schuldvermindering mogelijk maken. Dit kan worden bereikt door spullen te verkopen op eBay, een garageverkoop te houden, spullen te koop aan te bieden op Craigslist, of door online inspanningen te doen. Welke methode je ook kiest, je moet actie ondernemen. Zonder actie zijn er geen andere fondsen.

Stap 6: Betaal eerst de kleinste lening af.

Veel mensen adviseren je om de schuld met de hoogste rente weg te werken. Ik geloof dat iedereen met schulden zich eerst succesvol moet voelen! Ook al kost het u nog 10 tot 50 dollar aan rente, het is essentieel dat u een gevoel van voldoening krijgt, zodat u uw inspanningen zult voortzetten.

Er zijn veel manieren om dit te bereiken. Sommige zijn effectief. Andere zijn slechts een gimmick die geen uitleg geeft en je in een slechtere positie achterlaat dan voorheen! Die moeten absoluut ten koste van alles worden vermeden! Maar je moet actie ondernemen! Ik heb er een ontdekt die alle andere overtreft qua gebruiksvriendelijkheid, begrip en praktische toepassing.

DEEL 4 - GEDULD.

WAT KOST HET JE OM GEDULD TE ONTWIKKELEN?

Om je de waarheid te zeggen, dat is een vrij dure les. Het kost veel tijd en moeite om deze vaardigheden te perfectioneren. Bovendien is consequent handelen en volharding in het proces essentieel voor het ontwikkelen van geduld.

Het verwerven van geduld vergt enorm veel tijd, werk en energie. Maar grotere offers leveren grotere beloningen en prestaties op. Mensen zoeken voortdurend naar onmiddellijke bevrediging in alle aspecten van het leven: onmiddellijke winstregelingen, onmiddellijk geld en onmiddellijke noedels. Wij zijn voortdurend op zoek naar snelle bevrediging.

We zien en erkennen vaak niet dat het ontwikkelen van geduld het verwerven van essentiële vaardigheden en kennis vereist om ons bewustzijn en begrip van onszelf en anderen te vergroten. In werkelijkheid is daar alleen tijd en geduld voor nodig.

Nee, ik praat niet in raadsels. Ik vertel gewoon de waarheid. Stel je dit eens voor. Hoe kan iemand geduld hebben als hij geen geduld heeft tijdens het leren?

Daarom geloof ik dat je, om de "geheimen" van geduld goed te verwerven, nieuwe inzichten en kennis moet verwerven over de beloningen die uitstekend geduld kan opleveren.

Je hebt ongetwijfeld gehoord dat geduld een deugd is. Ja, als je het vanuit het juiste perspectief bekijkt. In het algemeen moet men geduld nooit gebruiken als een excuus om te vertragen of als een "reden" om "het juiste moment af te wachten".

Zo is "geduld is een deugd" op grote schaal verkeerd toegepast, vooral bij uitstellers. Het is het citaat van de luie man genoemd. Geduld is en blijft een deugd. Je moet alleen de juiste instelling en het juiste besef van geduld hebben.

Met een positieve instelling en inzicht in de voordelen van geduld ben je veel beter in staat om geduld te verwerven. Geduld leren is noodzakelijk voor succes, zoals de meeste succesvolle personen prediken.

Met geduld leer je het proces en de reis te waarderen in plaats van je alleen te richten op het resultaat. In tegenstelling tot wat algemeen wordt aangenomen, wordt iemands geluk niet bepaald door het aantal prestaties dat hij of zij levert.

In plaats daarvan wordt geluk gemeten aan het aantal keren dat iemand zichzelf na elke val heeft opgepakt. De hoeveelheid "littekens van de strijd" die men heeft opgelopen op de weg naar prestatie. Wie geduld heeft, krijgt de vaardigheden en het vermogen om alle tegenslagen om te zetten in overwinningen en de bereidheid om kleine veldslagen te verliezen om de grotere oorlog te winnen.

Met geduld komt ook vertrouwen en het besef dat er geen echte mislukkingen zijn in het leven, tenzij ze worden erkend.

Nu kan het waar zijn dat we onderweg allemaal tijdelijke tegenslagen ervaren. Toch is het ook door deze tijdelijke nederlagen dat we effectievere methoden en tactieken leren die we kunnen gebruiken om toekomstige belangrijke gevechten in het leven te winnen.

Zij die alleen maar wachten zullen niet beloond worden. In plaats daarvan trekt het mensen aan die voortdurend tijd, energie en moeite investeren in het cultiveren van geduld en het nemen van massale corrigerende maatregelen.

HOE JE VAN ARM NAAR RIJK GAAT.

Om voorspoed aan te trekken moet men eerst geloven dat men het verdient; anders kan men zijn weg blokkeren met gevoelens van ontoereikendheid en angst. Het is niet voldoende geld te begeren; men moet geloven dat men het verdient. Dit is een van de geheimen van financieel succes.

Mensen die geconditioneerd zijn om te geloven dat hun ras, sociaaleconomische achtergrond, omgeving of religie hen belet rijkdom te verwerven, vinden het een uitdaging om dat te doen. Decennia van conditionering door discriminatie kan een negatief effect hebben. In veel gevallen belemmert het gebrek aan blootstelling aan wat geld geeft de opties voor onderwijs, werk en levensstijl van economisch achtergestelde personen.

Gelukkig overwonnen sommige mensen de harde situaties met pure vastberadenheid en determinisme. Wanneer dit minderwaardigheidscomplex diepgeworteld is, kan het worden uitgeroeid met behulp van tegen-geest-conditioneringsactiviteiten die doordringen tot de bewuste en de onderbewuste geest.

GELD HEEFT EEN ENERGIEVELD.

Geld trekt geld aan in zowel het spirituele als het fysieke domein. Geld heeft zijn energieveld en moet in balans zijn met zijn subtiele trillingen om het aan te trekken. Op dezelfde manier trekt liefde liefde aan, en angst angst.

Als je dus niet voelt dat je het verdient of echt gelooft dat je het kunt krijgen, zul je het niet aantrekken. Als je je in geringe mate waardig voelt, kunnen je ontmoetingen met geld vluchtig en onbeduidend zijn. Je lijkt niet in staat het welvaartskanaal in stand te houden.

Affirmaties en/of supraliminale mind conditioning oefeningen zijn een prachtig beginpunt voor het tot stand brengen van een meer solide verbinding met je mentale staat van waardigheid en vermogen om rijkdom aan te trekken in je leven.

Vanuit religieus oogpunt lenen specifieke bijbelse geschriften, oude spirituele literatuur, gebeden, psalmen en affirmaties zich voor positieve mentale transformatie en kunnen ze uiterst effectief zijn als ze dagelijks worden uitgesproken.

Mind conditioning oefeningen zijn een alternatieve oplossing. Het is de praktijk van het veranderen van negatieve gedachtenpatronen door positieve om gewenste resultaten te bereiken. Een positieve gedachte moet elke negatieve gedachte die wordt geëlimineerd vervangen.

HET VOEDEN VAN DE CREATIEVE LAAG.

God schiep de hemel en de aarde aan het begin der tijden. Nu was de aarde leeg en vormloos; duisternis bedekte de diepe oppervlakte, en Gods Geest zweefde over de wateren

Voordat alles was, was er een concept. Verbeelding is de mentale creatie van visioenen van gewenste fysieke manifestatie. Het speelt een essentiële rol in het creatieve proces, omdat het een gedachtevorm van een idee tot een feitelijke substantie dwingt.

Veel legendes verwijzen hier symbolisch naar, zoals de Lamp van Aladdin, het Bijbelse Manna, Peter

Pan en De Tovenaar van Oz. Het draait allemaal om visualisatie en verbeelding.

Hoe stuur je de verbeelding?

Het kan worden bereikt door te werken aan de actualisering van het bedachte concept. Bedenk, overweeg en ontdek een manier om het tot leven te brengen door beelden te gebruiken om het idee te illustreren.

Als u een luxe voertuig wenst, moet u een autodealer bezoeken en een proefrit maken om een gevoel en een authentieke ervaring te krijgen. Als u een nieuw huis wenst, ga dan op huisbezoek en fotografeer de woningen om uw ideale woning te identificeren.

Het doel is om de kloof tussen je gedachten en de echte wereld te overbruggen. Door de kracht van je verbeelding, kan de wereld veranderen in je dromen. Ik heb het eerder gedaan, zodat jij het ook kunt. Ik was in staat om een auto, een digitale piano, een huis en een fantastisch inkomen te krijgen door de inzet van mijn verbeelding.

OM JE IDEEËN TOT STAND TE BRENGEN.

In het leven worden ons vaak mogelijkheden geboden om een fortuin te verwerven, maar we grijpen ze niet aan. Soms lijken deze mogelijkheden ons niet aanlokkelijk, en verwerpen we ze omdat ze niet in ons levensplan passen.

De kansen die zich voordoen in verleidelijke kleuren, verleidelijke gestalten en amusante vormen worden gemakkelijker aanvaard, maar zijn niet altijd de beste keuzes. Rijkdomskansen dienen zich vaak aan, maar het is aan ons om de deur te openen. We openen de deur met de sleutel. GENOEG! Wat is het geheim?

Onze verlangens, gedachten en dromen zijn als kleine magneten die levenservaringen en mogelijkheden aantrekken. Hoe groter de passie, hoe sneller de gelegenheid zich aandient, en hoe beter die overeenkomt met onze ideale verlangens.

Zodra een gelegenheid zich voordoet, moeten wij de deur openen door deze met dankbaarheid en respect te aanvaarden. Hoe groter onze waardering, hoe gunstiger de uitkomst van de kans.

Weinig mensen begrijpen echt de kracht van dankbaarheid. Zij denken dat dankbaarheid slechts uiting geeft aan dankbaarheid, maar het is zoveel meer - het leidt tot actie. Positieve actie! De houding van dankbaarheid houdt ons bescheiden en in het "Wet van Wederkerigheid" patroon van geven en ontvangen.

De "Wet van Wederkerigheid" is een factor van "geven en nemen" die in acht moet worden genomen om welvaart in volle omvang te verdelen. Deze wet wordt vaak genoemd in de Bijbel en andere spirituele tradities.

Geef, en u zult ontvangen. Een maat, gedrukt, geschud en overgelopen, zal in uw schoot worden gestort. Want volgens de maat die u hanteert, zal het u gemeten worden. Ook al worden deze geschriften beschouwd als onderdeel van de spirituele leer van het christendom, er bestaat weinig twijfel over dat ze betrekking hebben op een Wet die in het leven van iedereen geldt, ongeacht religie, geloof of ras. Er ontstaat chaos wanneer deze wet in ons dagelijks leven wordt genegeerd.

Als we niet dankbaar zijn voor wat we ontvangen en niet op een of andere manier wederkerig zijn, ligt onze grond of geest braak en verdorren en sterven de zaden die we er planten uiteindelijk. Waar er geen gevende of vriendelijke geest is jegens mensen, kan en zal de weg naar voorspoed versmallen. Deze geest van vrijgevigheid kan de vorm aannemen van dienstbaarheid, geldelijke bijdragen, liefdevolle vriendelijkheid, wijsheid, en meer.

Geld geven aan een doel waar je veel om geeft, vrijwilligerswerk doen bij een non-profit evenement, iemands gras maaien, maaltijden bezorgen bij een bejaarde, een vriend een lift naar huis geven, spullen doneren aan Goodwill, enz. zijn voorbeelden van zulke acties. Op een zondagavond, onder het genot van een maaltijd en een goede discussie, vertelde een lid van onze groep dat hij werkloos was en geen geld had voor zijn volgende maaltijd.

Dit gesprek leidde ertoe dat deze werkloze man een sollicitatie kreeg van een vriend, die deze vervolgens op de werkplek indiende. De werkloze man werd aangenomen, en de persoon die zijn sollicitatie had ingediend kreeg promotie.

Dit is een voorbeeld van de wet van de wederkerigheid, en het lijdt weinig twijfel dat waardering ons omringt met de energie van liefde, vriendelijkheid, zorg, mededogen, geduld en vrijgevigheid. In die zin leidt welvaart ook tot uitstekende gezondheid en geluk.

Dankbaarheid is krachtig en de sleutel tot het ontsluiten van de deuren naar voorspoed en het aantrekken van mogelijkheden die je behoeften en verlangens met inhoud zullen bekleden. Als je je schulden betaalt met vreugde in plaats van met haat, zullen ze sneller worden afbetaald. Als je meer geld in je leven wilt, moet je dankbaarder worden en dat laten zien op de hierboven beschreven manieren.

Als je een nieuw huis wilt, maak het huis dat je hebt schoon en mooi, en je krijgt een beter huis. Als u een betere baan wenst, zoek dan een manier om van uw huidige baan te houden en doe uitstekend werk waar u bent, en u zult een promotie krijgen (misschien zelfs een nieuwe promotie).

Als je werkloos bent, besteed dan wat tijd aan het helpen bij een non-profit organisatie; er zal een baan verschijnen. Je zou verbaasd zijn hoe dankbaarheid je dromen kan stimuleren en verwezenlijken! Laat het gebeuren! Wees dankbaar!

WAAROM GEDULD HET KRITISCHE SUCCESELEMENT IS.

Je verlangt toch naar welvaart en financiële onafhankelijkheid? En je wilt het zo snel mogelijk, vooral als je, zoals veel mensen, gebukt gaat onder schulden en verplichtingen, je zorgen maakt of je werk wel veilig is, en wenst dat je een beetje extra had voor verwennerij en ontspanning. U hebt jarenlang gestreden, en nu zou het fijn zijn om de vruchten van uw inspanningen te plukken.

De meeste mensen die financiële onafhankelijkheid zoeken, denken dat die er snel en zonder moeite komt. Zij kijken naar iemand die "van de ene op de andere dag" succes heeft geboekt, maar vergeten alle moeite die deze persoon in het verleden heeft gedaan om zijn financiële onafhankelijkheid op te bouwen.

Deze onjuiste perceptie leidt ertoe dat veel mensen geloven dat financieel succes - of succes in enig ander aspect van het leven - morgen of uiterlijk aan het eind van de maand binnen is.

Maar, zoals Napoleon Hill stelde, je moet de drie belangrijkste succeselementen leren: geduld, doorzettingsvermogen en transpiratie, die hij beschouwde als een onverslaanbare succescombinatie.

Ik wil alles, en ik wil het NU!

Onmiddellijk genot is de norm geworden in onze samenleving. Jongeren zijn berucht omdat ze verwachten dat elke gril en wens snel wordt vervuld. De media hebben mensen ervan overtuigd dat hun leven nooit meer hetzelfde zal zijn als ze niet onmiddellijk het nieuwste designerartikel krijgen.

Financiële organisaties hebben ook bijgedragen door krediet gemakkelijk beschikbaar te stellen aan kredietwaardige personen en anderen die waarschijnlijk moeite hebben om een buitensporige levensstijl te handhaven. Het lijkt erop dat geduld geen deugd meer is.

Mensen als Edwin C. Barnes werkten voor Thomas Edison in een ondergeschikte functie terwijl ze geduldig wachtten op de kans om Edisons zakenpartner te worden. Evenzo wachtte Henry Ford geduldig terwijl zijn ingenieurs werkten aan de V-8 motor, die hem een fortuin opleverde. Zonder doorzettingsvermogen zou geen van beiden succesvol zijn geweest.

Succesvolle mensen veranderen niet graag van gedachten als een beslissing eenmaal is genomen. Als u uw plannen tijdens de uitvoering ervan abrupt wijzigt, zult u nooit weten wat er had kunnen gebeuren. Vasthouden aan je beslissing in plaats van van gedachten te veranderen, geeft je de tijd om de dingen te laten uitspelen, zodat je de gevolgen van je acties nauwkeurig kunt onderzoeken.

Doorzettingsvermogen is het vermogen om een taak tot een goed einde te brengen in plaats van op te geven wanneer de dingen niet snel gaan zoals je wilt. De sleutel tot succes in de verkoop is jezelf voor een voldoende aantal mensen plaatsen die ervoor kiezen te kopen wat je verkoopt. Als veel mensen hebben geweigerd te kopen, kan het moeilijk zijn uzelf voor de volgende potentiële klant te plaatsen.

Je overtuigt jezelf ervan dat het geen zin heeft omdat je alleen maar weer teleurgesteld zult worden, of misschien vraag je je af of je goederen wel de moeite waard zijn om te kopen. Negatieven stapelen zich op, en vormen een mentale berg die beklommen moet worden om de volgende kans te bereiken.

De belangrijkste manier om hier doorheen te komen is te blijven doen wat je doet: volhardend zijn. Zet een grijns op, pak de telefoon, klop op de deur van de buren, of wat dan ook. De volgende persoon die je spreekt kan de sleutel zijn tot je succes, maar als je niet volhardend bent, kun je weglopen in plaats van ze te benaderen.

Vorm een gewoonte om een gebrek aan doorzettingsvermogen te overwinnen. Nieuwe pogingen of pogingen waarin je minder zelfvertrouwen hebt, vereisen meer doorzettingsvermogen dan andere. Hier is het nog eenvoudiger voor negatieve gedachten en invloeden om vat te krijgen.

Stop met je zorgen te maken over het resultaat en ga gewoon aan de slag. Als de dingen niet gaan zoals je wilt, is dat een geweldige kans om te leren, en als ze wel gaan zoals je wilt, zullen die gelukkige emoties de waarde van volharding opnieuw bevestigen.

10% inspiratie, 90% transpiratie.

Achter elke succesvolle persoon zit veel onerkende inspanning, vooral door hun critici. Thomas Edison faalde vele malen voordat hij een functionele gloeilamp maakte. Succesvolle atleten besteden vele uren aan het perfectioneren van hun bewegingen om hun prestaties in competitieverband moeiteloos te laten lijken. Reality-tv laat zien dat, hoewel vaardigheid noodzakelijk is, doorzettingsvermogen uiteindelijk bepalend is voor succes of mislukking.

Iedereen die financiële onafhankelijkheid heeft bereikt, heeft dat gedaan via voortdurende inspanning. Zij ontdekten een brandend verlangen, gebruikten vindingrijke creativiteit om een ordelijk plan op te stellen, en voerden het plan vervolgens dag na dag uit totdat hun "onmiddellijke" prestatie begon te verschijnen.

Vroege successen werden gevierd als mijlpalen, niet als bestemming. Omkeringen werden gezien als leermomenten: plannen aanpassen en technieken opnieuw evalueren, niet als redenen om op te geven.

Fysieke, mentale of beide arbeid is de enige zekere weg naar financiële onafhankelijkheid op lange termijn. Om succes te boeken moet u bereid zijn de prijs te betalen door de drie belangrijkste succesfactoren te cultiveren en te gebruiken: geduld, doorzettingsvermogen en transpiratie.

DE FORMULE VOOR RIJKDOM DIE NOOIT KAN FALEN

Hoe kan ik een stabiel inkomen verdienen en niet langer afhankelijk zijn van anderen? Dit onderwerp is het afgelopen jaar vaak teruggekomen in mijn gesprekken met veel van mijn lezers.

Elke keer als iemand me deze vraag stelt, zet het me aan het denken. Ik draai de vraag om en vraag: "Is er een strategie om rijkdom te creëren die niet kan mislukken? Als er een formule is, wat is die dan? Hoe ingewikkeld is het? Kan vrijwel iedereen die vastbesloten is het bereiken?"

Na maanden van intensief nadenken en grondig onderzoek heb ik de antwoorden op deze zorgen. Ja, er is een strategie om rijkdom te creëren die nooit kan mislukken! Voordat ik de formule beschrijf, laat me eerst kort de term "formule" definiëren, want dat is essentieel om te begrijpen wat ik probeer over te brengen.

Volgens een online woordenboek is een formule een vooraf bepaalde vorm van woorden, zoals iets definitief of gezaghebbend aankondigen of verklaren, een procedure voorstellen die moet worden gevolgd, of het gebruik voorschrijven. Met andere woorden, het is het bereiken van iets permanents of gebruikelijks; een regel of principe, een recept of voorschrift.

Deze definitie suggereert dat een formule voor welvaartsontwikkeling een verzameling richtlijnen of recepten is. Wat is de formule dan? Het is een methode in vier stappen die, indien geïntegreerd, u in staat stelt rijkdom te genereren.

Hieronder staan de vier secties:

- Maak God de hoeksteen.

- Zoek een manier om consequent echte inkomsten te verdienen en heb de zelfbeheersing om nooit alles uit te geven.

- Beheers de kunst van het ontvangen van terugkerende betalingen voor uw diensten.

- Concentreer u uitsluitend op de stappen 1, 2 en 3 door voortdurend te zoeken naar manieren om de prestaties te verbeteren.

Dit is de vergelijking. Laten we het ontleden. Het eerste gedeelte is duidelijk, correct? Dit betekent dat je moet kiezen om je af te stemmen op wat GOD zegt. Dat betekent dat je je bewust moet zijn van wat God heeft gezegd en in staat moet zijn je daarop af te stemmen.

De beste methode om dit te bereiken is een ijverige student van het Woord van GOD te worden. Je zult een stevige basis leggen voor de productie van rijkdom als je de leringen ervan begrijpt en je erop toelegt ze uit te voeren.

Als uw GOD bijvoorbeeld dezelfde is als degene die ik dien, zult u een toegewijd hoorder en dader zijn van wat GOD heeft gezegd, zoals opgetekend in de Bijbel. Een vroom en enthousiast beoefenaar van het Woord is een zeker vooruitzicht op blijvende rijkdom.

Dit individu kan niet anders dan algemeen succes boeken. Zo bekrachtigt de Bijbel de stelling: "Laat dit Boek der Wet uw lippen niet verlaten; denk er dag en nacht aan, zodat u behoedzaam alle aanwijzingen ervan zult opvolgen. Dan zult u voorspoed en succes ervaren." Jozua 1:8.

Dit zou u moeten verheugen als u een doener en hoorder van het Woord bent. Waarom? U bent een doener geworden omdat u Hem net hebt horen zeggen, en als u nu verder gaat en doet wat het Woord zegt, bent u niet langer een hoorder.

Dan kom je in aanmerking voor wat de Bijbel heeft beloofd. Mijn GOD zal Zijn bestaan nooit ontkennen. Hij zal alles uitvoeren wat Hij in Zijn Woord heeft verklaard. Niets is onmogelijk voor Hem.

Het tweede deel van de strategie is het vinden van een techniek om consequent echte inkomsten te maken en nooit al je inkomsten uit te geven. Meestal betekent dit geen inkomen uit een droombaan of een topberoep. We hebben het hier over iemand die waarschijnlijk werkloos is, geen idee heeft waar zijn volgende maaltijd vandaan komt, of wiens maandelijkse inkomen "niets is om over naar huis te schrijven".

De verleiding voor mensen in deze toestand is om zo gedesillusioneerd en ontmoedigd te raken dat zij ervoor kiezen hun leven te beëindigen.

Ik moet toegeven dat dit een uiterst moeilijke positie is. Als u doet wat ik u ga voorstellen, zult u niet alleen weer overeind komen, maar ook bevrijd worden van de ketenen van de armoede. Om dit obstakel te overwinnen, moet u gewoon opstaan en een zinvolle dienst zoeken die u voor iemand kunt doen in ruil voor een vergoeding en er zeker van zijn dat die dienst legitiem is.

Vervolgens, wanneer deze inspanning enige inkomsten begint op te leveren, neem de volgende stap en disciplineer jezelf om niet al je winsten uit te geven, hoe klein ze ook mogen zijn. Dit is een cruciaal onderdeel van het recept voor het creëren van rijkdom.

De meeste mensen komen deze fase niet door. Of ze blijven in het ondergeschikte baantje dat hun een vast inkomen verschaft, of ze zien het geld dat ze verdienen met minachting aan in plaats van God ervoor te danken.

Maar als je snapt hoe deze formule werkt, zal je mentaliteit veranderen. Je zult eerst inzien dat dit een korte fase in je leven is. Het is geen plek waar je te veel tijd wilt doorbrengen. Het enige doel hier is dat er genoeg geld binnenstroomt om je wat te eten te geven [niet noodzakelijkerwijs regelmatig een bevredigende maaltijd] en wat om te investeren in persoonlijke groei.

Wat uw investering in zelfverbetering betreft, kies zorgvuldig. De beste strategie is de expertise te verwerven die je heel goed kunt beheersen en die je kunt gebruiken om anderen van dienst te zijn. Hier is een geheim dat ik je wil laten ontdekken.

Je weet bijvoorbeeld dat voor bepaalde taken, particulieren en bedrijven altijd anderen zullen betalen om ze uit te voeren. Kies een van deze activiteiten die u leuk vindt, bekwaam u erin en streef ernaar de beste aanbieder van die dienst te zijn.

Voordat ik de derde component van deze formule uitleg, wil ik iets anders benadrukken. Eerder waarschuwde ik u voor het gevaar dat u ondankbaar wordt voor de minimale inkomsten die u verkrijgt door het uitvoeren van ondergeschikte taken in de tweede stap van de procedure. Als u de zelfbeheersing hebt om dit te doen, bent u halverwege de armoede.

Je moet er heel voorzichtig mee zijn. Als je een gebrek aan dankbaarheid in je hart laat doorsijpelen, zal het je verteren en je verhinderen jezelf te verbeteren. Als je dit toelaat, loop je gevaar. Wees dus voorzichtig!

Oké, je hebt nu de eerste hachelijke hindernis genomen, waar velen falen. In de derde helft van de formule is uw doel uw deskundigheid te verbeteren om herhaaldelijk betaald te worden voor uw dienst.

Wat betekent dit?

dat je nu een talent bezit? En dat je deze vaardigheid zodanig beheerst dat je jezelf er als de beste in kunt presenteren? Nu is het moment om een bedrijf op te richten gebaseerd op jouw unieke vaardigheid.

De nummer één zijn in uw vakgebied garandeert niet dat uw bedrijf winst zal maken zodra het is opgericht. Dit is nog een valkuil waar beginnende ondernemers vaak het slachtoffer van worden.

Wanneer de meeste mensen een bedrijf beginnen, verwachten ze een snelle start. Ze kunnen niet wachten om hun rijkdom te beginnen herinvesteren. Dit gebeurt echter zelden; als het niet gebeurt, verliezen de meeste mensen hun interesse en gaan ze over op andere dingen.

U moet leren geduldig te zijn om dit deel van de berekening te corrigeren. Ik kan u uit persoonlijke ervaring vertellen dat deze fase van de weg naar financiële onafhankelijkheid nog moeilijker kan zijn dan toen u nog ondergeschikte banen had om inkomen te genereren.

In deel drie van deze methode zul je vertrouwen op een mix van alle principes die je in deel één en twee hebt geleerd om je te helpen het winterseizoen te overleven.

U zult nieuwe vaardigheden moeten verwerven, zoals reclame maken voor uw producten en diensten, een succesvol bedrijf runnen, mensen en materiële middelen beheren, en levenslange klanten aantrekken en behouden.

Uw vermogen om te leren en te gedijen op deze gebieden zal het succes van uw bedrijf bepalen. Toch, stel dat u doorzet en alles wat u hebt geleerd toepast zonder de integriteit en het ethisch gedrag in uw organisatie uit het oog te verliezen. In dat geval zult u een punt bereiken waarop de winst waarvan u dacht dat die niet of te laat zou komen, de norm wordt.

Wanneer u dat punt bereikt, moet u alles toepassen wat u in stap 1, 2 en 3 hebt geleerd, maar deze keer zult u het beter, sneller en efficiënter doen, en terwijl u dat blijft doen, zult u blijven groeien. Dat is mijn onfeilbare strategie voor het genereren van rijkdom.

DEEL 5 - INVESTEER IN JEZELF.

Geloof dat de grootste investering die u ooit kunt doen in uzelf is; dit is zelfinvestering. Financiële educatie is de sleutel tot het bereiken van uw doelen. Investeren in uw financiële educatie is verstandig, want dit scheidt de armen van de rijken, of u dat nu leuk vindt of niet.

Ik heb financiële educatie opgenomen omdat die essentieel is, maar er zijn talloze andere manieren om in jezelf te investeren. U kunt geld investeren om een hogere graad te behalen in uw vakgebied, waardoor u boven uw tijdgenoten uitstijgt.

Als u bijvoorbeeld 1.000 dollar uitgeeft aan een professionele cursus die na voltooiing uw verkoopbaarheid vergroot en uw jaarinkomen verhoogt van bijvoorbeeld 100.000 tot 300.000 dollar, is dat dan geen verstandige investering?

Het voordeel van dit soort investeringen is dat ze zelden mislukken. In tegenstelling tot een investering in een restaurant die een toekomstige overstroming teniet kan doen, behoudt u de informatie voor de rest van uw leven. In tegenstelling tot beleggen op de kapitaalmarkt, wat een beetje lastig kan zijn, kan deze vorm van beleggen niet misgaan.

Bijna alsof uw geld uw tijd heeft gekocht. Hoe meer men in zichzelf investeert, hoe minder moeite het kost om meer geld te verdienen. Dit verklaart waarom sommige specialisten tot 1000 dollar vragen voor een taak die niet meer dan een uur in beslag neemt. Tot deze categorie behoren, om er een paar te noemen, plastische chirurgen met een hoge vergoeding, motiverende sprekers, professionele verkopers en nieuwslezers.

De redenering hierachter is dat je een onderwerp moet kiezen dat je wilt beheersen, al dan niet het gebied waarin je je momenteel bevindt, en jezelf tot het maximale niveau moet opleiden, zodat mensen je een premie gaan betalen voor je diensten en het kan elke sector of baan zijn, van een professionele tekstschrijver tot een sportanalist; streef gewoon naar de top van de carrièreladder, en je bent op weg naar rijkdom.

Binnen enkele minuten kan het leven veranderen van stabiel en voorspelbaar in snel en stressvol. Als ons leven zich ontwikkelt, moeten wij dat ook doen! Of het nu in je persoonlijke of professionele leven is, zelfgroei en zelfverbetering zijn essentieel om met de stress van verandering om te gaan en de komende natuurlijke veranderingen te accepteren.

Zelfontplooiing betekent eerlijk zijn tegenover jezelf en nadenken over wat je topprioriteiten in het leven zouden moeten zijn. Het omvat het verwerven van nieuwe vaardigheden, kennis en methoden om je persoonlijk en professioneel vooruit te helpen.

Wanneer u investeert in persoonlijke ontwikkeling en zelfverbetering, investeert u ook in uw toekomst en verkrijgt u de zelfverzekerdheid en innerlijke kracht die nodig zijn om succes en voldoening te bereiken.

Natuurlijk veranderen prioriteiten met het verstrijken van de tijd, dus het regelmatig evalueren van uw doelen en prioriteiten zal u helpen een duidelijk beeld te krijgen van waar u wilt zijn en hoe u uw sterke punten optimaal kunt gebruiken. Hier zijn vijf aanbevelingen om u te helpen uzelf beter te begrijpen en uw leven ten volle te leven.

Positiviteit!

Een goede houding en instelling zijn essentieel voor persoonlijke ontwikkeling en groei. Positieve en negatieve ervaringen maken deel uit van het leven, en we moeten van elke ervaring leren. Als je bijvoorbeeld hebt geprobeerd een klein bedrijfje te beginnen en je hebt vreselijk gefaald, moet je je niet laten ontmoedigen om het opnieuw te proberen. Je moet je fouten in dat bedrijf gebruiken om je te helpen slagen in je toekomstige onderneming.

Begrijp het verleden.

Het vorige punt leidt me naar dit punt. Leer van beslissingen uit het verleden om jezelf in de toekomst te verbeteren. Als elke actie die we in het leven ondernemen resulteert in perfectie, zouden we niets leren, toch? Inderdaad, dan zou het leven nogal saai zijn!

Ik geloof dat falen noodzakelijk is voor succes. Dit hoeft geen totale mislukking te betekenen, maar fouten maken en ervan leren is een integraal onderdeel van een gelukkig leven en een zelfontwikkelingsproces.

Elke stap op zijn beurt.

Neem één doel of inspanning tegelijk en haal er kennis uit. Ja, multitasken is een geweldig talent, maar het risico bestaat dat je tegen het einde je interesse, concentratie en focus verliest. Het probleem met multitasken is dat het leidt tot een burn-out als je te veel hooi op je vork neemt.

Na het voltooien van één doel of inspanning, ga je naar het volgende. Als u bijvoorbeeld de kracht van sociale-mediamarketing wilt leren kennen, moet u beginnen met lid te worden van één sociale-netwerksite.

Of het nu Facebook, Twitter of LinkedIn is, door eerst één site te leren kennen, kunt u zich vertrouwd maken met de wereld van de sociale media en waardevolle contacten ontwikkelen die u kunnen helpen bij het leren van de andere sites wanneer u er klaar voor bent.

Denk aan anderen.

Soms begint persoonlijke ontwikkeling met het verhaal van de ontwikkeling van een ander. Ja, je leest het goed! Iedereen om ons heen heeft een verhaal waar we ons voordeel mee kunnen doen. Raadpleeg iemand die een bedrijfje heeft geopend als u dat ambieert.

Deze persoon zal geleerd hebben van veelgemaakte fouten en u de juiste weg wijzen. U zult in staat zijn om nieuwe kennis en nuttige begeleiding te verkrijgen die u zullen helpen om de kleine ondernemer te zijn die u wilt zijn.

Accepteer verandering met wijd open armen.

Als je verandert, groei je. Zo eenvoudig is het, en als je veranderingen kunt aanvaarden en je eraan kunt aanpassen, ben je goed op weg naar persoonlijke verantwoordelijkheid en succes.

UITSTEKENDE METHODEN OM IN JEZELF TE INVESTEREN.

Als geld inkomen kan genereren, kan tijd dan hetzelfde doen? Je wordt maar één keer 18, 28, 38, 48 en 58. Doe je persoonlijke investeringen? Vergeet niet dat uw beste investering in uw toekomst is.

Neemt u de tijd om over uw doelen na te denken?

Wil je een promotie?

Wilt u veel inkomstenstromen genereren?

Wilt u uw eigen bedrijf starten?

Wilt u fit worden?

Wilt u een gezondere levensstijl?

Als je eenmaal weet wat je wilt en waar je staat, is het gemakkelijker te bepalen waar je wilt zijn. Nu is het tijd om te beginnen met het opstellen van uw bedrijfsplan en dit uit te voeren.

Waarom nu?

Omdat u het zich niet kunt veroorloven risico's te nemen, bent u niet immuun voor baanverlies, recessie, buitensporige inflatie of ontslag. Investeren in jezelf is een geweldige aanpak om een Plan B te hebben als je nieuwe manieren moet vinden om je rekeningen te betalen en je levensstijl te handhaven. Als u niet weet hoe u uw tijd moet besteden, zullen anderen dat waarschijnlijk voor u doen.

Het is echter nog niet te laat; hier zijn zes technieken om weer zelf te investeren:

1) Eet beter voedsel en beweeg voor fitness - Gezondheid / Fitness.

Het eerste waarin u moet investeren is uw gezondheid en conditie. Zonder deze kunt u de overige taken niet uitvoeren. Uw energieniveau wordt vooral bepaald door hoeveel u beweegt en wat u eet.

Eet een dieet van voedzame en gemakkelijk verkrijgbare voedingsmiddelen voor je gezondheid. Waar anders maakt lichaamsbeweging je gezonder dan wanneer je hersenen hormonen afgeven waardoor je je alert en goedgehumeurd voelt?

Uw beloningen voor fitness / gezondheid:

- Verbeterde vitaliteit, kracht, uithoudingsvermogen, gezondheid en lichamelijke conditie.
- Voelt zich zelfverzekerder met een gunstiger lichaamsbeeld.

- Blijf uit de buurt van ziekten en aandoeningen.

2) Lees andere boeken en volg seminars/cursussen - Kennis/Vaardigheden.

"Kennis is macht" impliceert dat het lezen van boeken geen tijdverspilling is; stop dus met televisie kijken en begin met lezen. Meer boeken lezen vergroot je kennis en expertise.

"Verbeter uw talenten" - Om concurrerend te blijven, moet u een levenslange leerling blijven. Dwing jezelf om één boek per maand te lezen. Investeer in jezelf door je in te schrijven voor cursussen om een tweede taal te studeren, een master of beroepscertificaat na te streven, of je aan te sluiten bij een seminar of klas voor gelijkgestemden.

Uw compensatie voor kennis / vaardigheden:

- Verbeter uw creativiteit en produceer andere ideeën voor verdere beloningen.
- Verken en herontdek uw vermogen over uw eisen en wensen.

- Zelfverzekerd en concurrerend in andere aspecten van het leven, kun je meer doen dan je nu doet.

3) Om je prettig te voelen, meer daden van vrijgevigheid en meditatie verrichten - Moraal / Emoties.

Als u gelooft dat hoe meer u geeft, hoe meer u zult ontvangen, help dan eens iemand die financiële of professionele hulp nodig heeft. Ik ben ervan overtuigd dat u zich fantastisch zult voelen en meer zult ontvangen dan u aanbiedt.

Je voelt je niet alleen fantastisch, maar je maakt ook een vriend voor het leven. Heb je overwogen om 10 minuten per dag te mediteren? Als je je emotioneel gestoord of gestrest voelt. Meditatie is een beproefde manier om de geest tot rust te brengen; na een sessie zie je de dingen duidelijker.

Uw voordelen voor ethiek / emoties:

- Wees meestal vrolijk.

- Begrijp je emoties en hou je gericht op je gewenste doelen.
- Cultiveer een opgewekte houding en wees een zielsverwant die iedereen als vriend wenst.

4) Breng tijd door met familieleden om je vreugde te behouden - Familie / Partner.

Terwijl je ijverig je doelen nastreeft, kun je af en toe het gevoel hebben dat iets je in de weg staat en je daar vreselijk over voelen. Negativiteit kan soms overweldigend zijn. Je moet al deze negativiteit elimineren en positiviteit opladen door tijd door te brengen met familie, omdat dit negativiteit elimineert en vreugde genereert.

Uw familie / echtgenoot beloont:

- Verbetering van de familie- en echtgenootrelatie
- Door betere communicatie kan een gezin misverstanden voorkomen en zich dichter bij elkaar voelen.

5) Begin met persoonlijke financiën en investeringen voor rijkdom - Financiën / Investeringen

Kom uit de schulden, begin met het organiseren van uw financiën en creëer een portefeuille met investeringen om uw geld aan het werk te zetten. Elke dag een beetje tijd besteden aan uw financiën zal enorme opbrengsten opleveren. In de huidige maatschappij kan het moeilijk zijn om slechts één bron van inkomsten te onderhouden; daarom is het belangrijk om verschillende inkomstenstromen te genereren uit innovatieve ideeën.

Uw investering / financieel rendement:

- Budgettering en voorzichtige bestedingsgewoonten ontwikkelen.
- Blijf uit de schulden en gebruik uw belangen om vele inkomstenstromen op te bouwen.
- Meer financiële intelligentie leidt tot financiële onafhankelijkheid.

6) Netwerken en het verkrijgen van hulp van de gemeenschap - Samenleving / Gemeenschap.

De kracht van een enkel intellect is beperkt; je moet andere gelijkgestemden vinden voor kracht en steun. Relaties met anderen kunnen zelfverbetering vergemakkelijken doordat je perspectieven kunt delen en advies/steun kunt krijgen van iemand die het al eerder heeft meegemaakt, waardoor je veelvoorkomende valkuilen kunt vermijden en tijd kunt besparen. Tijd doorbrengen met vrienden en vreemden zal een aanzienlijk verschil maken bij het nastreven van je doelen.

Uw beloning voor uw bijdrage aan de samenleving:

- Vermijd frequente fouten en verkrijg essentiële informatie die u kunt hebben gemist.
- U kunt emotionele steun en hulp krijgen als dat nodig is via mentorschap en masterminding.
- Verbeter uw sociale vaardigheden en maak gebruik van uw vrienden voor steun en inspiratie.

Beleggingen kunnen een individu maken of ruïneren, afhankelijk van hoe goed ze worden gedaan.

Er zijn algemene beleggingswetten die kunnen worden gevolgd om de blootstelling van de belegger aan risico's te beperken. Deze zijn niet waterdicht, maar het zijn goede suggesties om uw geld en investeringen te beschermen.

Het uiteindelijke beleggingsdoel moet een van de eerste overwegingen zijn voor beleggers. Een pensioenfonds is een keuze voor de lange termijn, hoewel geld voor een gezinsvakantie of andere uitgaven een risicovollere belegging zoals aandelen noodzakelijk kan maken. Het pensioenfonds kan zo eenvoudig zijn als een IRA, of een aantal CD's die 20 jaar lang bij een bank zijn weggestopt omdat de fondsen niet onmiddellijk nodig zullen zijn.

Diversificatie is niet voor niets een term die vaak wordt gebruikt door beleggers en financiële adviseurs. Als het om beleggen gaat, geldt het adagium "Leg niet al je eieren in één mandje". Door zijn beleggingen te diversifiëren, kan de belegger zijn hele vermogen beschermen als een of meer beleggingen mislukken.

Iemand die alleen in aandelen belegt, vertrouwt er bijvoorbeeld sterk op dat de markt niet alleen stabiel blijft en stijgt, maar ook nooit daalt. De scherpzinnige belegger selecteert verschillende cd's, aandelen, pensioenrekeningen en beleggingsfondsen om dit evenwicht te bereiken. Dit helpt hen te beschermen als een van hun beleggingen mislukt.

Behoud een doelperspectief; wijk niet uit emotie af van uw financiële strategie. Door overhaast te reageren wanneer een nieuwsbericht u een curveball werpt of de markt marginaal daalt voor de dag, kunt u een langetermijninvestering weggooien die gunstig zou zijn geweest.

Richt u op het doel op lange termijn en houd vast aan het kopen of verkopen van beleggingen wanneer zij een bepaalde waarde bereiken in plaats van uw beslissingen te baseren op dagelijkse trends of littekens.

Een van de meest fundamentele regels van het beleggen is het rekening houden met het effect van belastingen en inflatie op het totale resultaat.

Belastingen besluipen een belegger omdat ze niet in één keer een groot aantal zijn, zoals een marktdaling, en als ze niet nauwlettend in de gaten worden gehouden, kunnen ze een aanzienlijk gat slaan in elke belegging.

Zorg ervoor dat de gegenereerde winst voldoende is om belastingen en inflatie te betalen en uw investeringsdoel te bereiken.

DEEL 6 - GEDIVERSIFIEERD.

Diversificatie is een "slimme" term die door sommige financiële adviseurs wordt gebruikt om u aandelen van een onderneming of hun strategie om beter te presteren dan de markt te verkopen. Het getuigt van arrogantie of gierigheid.

Diversificatie is een beproefde aanpak om het beleggingsrisico te beperken. De moderne portefeuilletheorie en het werk van Harry Markowitz zijn de bronnen van dit concept. Het is logisch dat als uw vermogen geconcentreerd is in een klein aantal beleggingen, u meer risico loopt dan iemand met een vermogen verspreid over vele beleggingen.

De typische reactie is: "Dit bedrijf is het beste sinds Thomas Edison General Electric oprichtte." Het zal Wal-Mart, Microsoft en IBM samen overtreffen.

Misschien, maar je kunt de toekomst niet voorspellen. Hoe veelbelovend de toekomst van een bedrijf ook lijkt, er is altijd een risico.

- Het product dat volgens u succesvol zou zijn, mislukt op de markt.

- De oprichter kreeg een hartaanval en stierf.

- Een terroristische daad vernietigt het hoofdkantoor van het bedrijf.

- De vice-president van marketing kan gecontroleerde narcotica hebben verkocht.

- Een overheidsinstantie concludeert dat het bedrijf de wet heeft overtreden.

- Het bedrijf is het onderwerp van een grote collectieve rechtszaak.

- De centrale Amerikaanse regering neemt de belangrijkste fabriek van het bedrijf in beslag.

De mogelijkheden zijn oneindig. Hoe veelbelovend de vooruitzichten van een bedrijf op lange termijn ook lijken, het is vrijwel onvermijdelijk dat het op moeilijkheden stuit. U zult niet echt weten of het de volgende Wal-Mart of McDonald's is totdat u ziet of het die moeilijkheden oplost of niet. Enzovoort.

Niet-systematisch of idiosyncratisch risico is het risico dat verbonden is aan het investeren in één enkel bedrijf en het vertrouwen op het voortbestaan en de groei ervan ondanks de uitdagingen.

Met de introductie van het voertuig zijn alle paardenwagenbedrijven mislukt, ongeacht de kwaliteit van het management. Bijgevolg is de logische optie te investeren in twee ondernemingen. Als de ene mislukt, zal de andere waarschijnlijk slagen. Er bestaat echter nog steeds een aanzienlijke kans dat beide ondernemingen mislukken. Dit is vooral het geval als hun sectoren vergelijkbaar zijn.

Daarom is investeren in verschillende bedrijven op diverse gebieden de logische oplossing.

Uit de moderne portefeuilletheorie blijkt dat investeren in twintig bedrijven in diverse sectoren ongeveer 90 procent van het niet-systemische risico minimaliseert. Beleggen in dertig bedrijven elimineert elk systeemrisico.

Dit betekent dat uw enige risico het zogenaamde "marktrisico" is - de mogelijkheid dat alle 30 bedrijven dalen als gevolg van macro-economische variabelen zoals een hoge rente of een wereldwijde neergang.

De keerzijde van het verminderen van niet-marktrisico is echter het elimineren van niet-marktwinst. Wanneer u dertig of meer aandelen hebt, zult u dus niet meer verliezen dan de markt als geheel, maar uw portefeuille zal ook niet meer winnen dan de markt.

Een handvol van uw dertig aandelen zal aanzienlijk stijgen, de meeste zullen gemiddeld presteren, en een paar zullen dalen. Daarom zal het gemiddelde relatief gelijk zijn aan de markt.

Denk nu aan actief beheerde beleggingsfondsen. De meeste hebben aandelen in dertig of meer bedrijven. De meeste doen het niet beter dan de markt. Ze houden de aandelen die ze selecteren niet vast. Ze verkopen sommige, waardoor u belasting moet betalen op de winnaars, en kopen sommige, waardoor transactiekosten ontstaan.

Bovendien betaalt u voor het salaris van uw fondsbeheerder en andere administratieve kosten, die goedkoop (Vanguard bijvoorbeeld) of duur (de meeste beleggingsfondsen) kunnen zijn.

De voor de hand liggende conclusie is dat u een keuze hebt tussen het elimineren van niet-systemische risico's door het kopen en houden van een mandje van 30 of zo aandelen op uw effectenrekening (NIET een beleggingsfonds, waar actief beheer u transactie- en beheerskosten kost, plus vermogenswinstbelasting) of het risico nemen om een paar bedrijven te kiezen waarvan u zeker weet dat ze zullen stijgen en uw vingers te kruisen.

(Een eenvoudige strategie om beter te presteren dan de markt is te beleggen in een indexbeleggingsfonds, zoals het S & P 500 indexfonds van Vanguard. Zo bent u ervan verzekerd dat u de markt evenaart - wat superieur is aan 90% van de actief beheerde beleggingsfondsen).

Aandelenanalisten houden hier niet van.

Dit omvat beheerders van beleggingsfondsen, portefeuillebeheerders, makelaars, schrijvers van nieuwsbrieven en financiële analisten die u hun diensten aanbieden om te voorspellen welke bedrijven het goed zullen doen.

Zij zoeken graag naar bedrijven die op succes lijken af te stevenen, en vinden die vaak. Als u uw hele portefeuille in één bedrijf investeert en het verdubbelt of verdrievoudigt snel in waarde, hebt u het beter gedaan dan de markt.

Maar als al uw beleggingsgeld is belegd in één of een klein aantal ondernemingen, staat u bloot aan dit niet-systemische risico. Als de onderneming niet de door de adviseur voorspelde resultaten behaalt, keldert uw portefeuille.

Maar er zijn zeker legitieme redenen waarom sommige bedrijven slagen en andere falen, en als u deze oorzaken kunt isoleren, kunt u de aandelen kopen die de meeste kans op slagen hebben en de aandelen vermijden die de meeste kans op falen hebben.

Hiernaar is uitgebreid onderzoek gedaan, en er zijn markers die u kunt gebruiken om bedrijven te identificeren die meer kans maken op succesvolle investeringen.

De koersen van alle aandelen op de markt kunnen sterk dalen, zoals in 1929. Daarom moet u diversifiëren over verschillende activaklassen, algemeen bekend als activaspreiding. Iedereen zou idealiter een aantal aandelen moeten bezitten, een aantal contanten (geldmarkten of depositocertificaten), een aantal onroerende goederen (anders dan de hoofdwoning) en obligaties.

In een ideale wereld zou u niet alleen beleggingen in uw eigen land moeten bezitten, maar ook aandelen, contant geld, onroerend goed en obligaties op elk continent (voorlopig met uitzondering van Antarctica!). Dit verbreedt uw blootstelling aan nationale en regionale economieën en valuta's.

Daarom, wanneer u iemand diversificatie hoort bespotten door het "diversificatie" te noemen (hoe leuk!), zou ik wedden (niet al mijn geld, maar een deel) dat het een makelaar of andere adviseur is die u een specifiek bedrijf probeert te verkopen of een adviseur die u zijn methode probeert te verkopen om winnende aandelen te selecteren.

WAAROM IS DIVERSIFICATIE BELANGRIJK VOOR UW PORTEFEUILLE?

Een voorzichtige belegger beoordeelt regelmatig de beleggingen in zijn portefeuille. Gezien de volatiliteit van de markten is het van essentieel belang zijn beleggingen te diversifiëren, vooral in aandelen, omdat het zeer riskant zou zijn al zijn geld in één enkel aandeel te steken.

Met eieren worden in deze context aandelen bedoeld, en als een belegger al zijn eieren in hetzelfde mandje (bedrijfstak/sector) belegt, neemt hij een aanzienlijk risico. Hij zou aanzienlijke verliezen kunnen lijden als de gekozen sector crasht. De uitdrukking "Leg niet alle eieren in één mandje" is waarschijnlijk van deze ervaring afgeleid.

Ik wil dit ook illustreren met een recent voorbeeld uit India. Door verschillende omstandigheden kende de luchtvaartindustrie in 2016 een aanzienlijke churn en volatiliteit, wat een domino-effect had op de aandelen van luchtvaartmaatschappijen.

Als een aanzienlijk deel van de portefeuille van een belegger uit aandelen van luchtvaartmaatschappijen bestaat, zou hij het moeilijk krijgen omdat de volatiliteit in de hele sector de aandelenprijzen aanzienlijk zou hebben doen kelderen.

Als de belegger iets scherpzinniger was geweest en aanwijzingen had gekregen van wat er met zijn aandelen gebeurde en de samenstelling van zijn portefeuille opnieuw had geëvalueerd, had hij aanpassingen kunnen doen voordat hij andere verliezen leed.

Diversificatie van de portefeuille vermindert het risico van verlies, vooral wanneer de waarde van aandelen verandert door de marktvolatiliteit in een specifieke sector. Idealiter belegt de belegger in een breed scala van bedrijven uit bepaalde sectoren en voegt hij aandelen toe en trekt hij aandelen af na periodieke analyse.

Als de belegger in het voorgaande voorbeeld zijn risico over andere bedrijven had verdeeld in plaats van zich op de luchtvaartsector te concentreren, zou hij dus waarschijnlijk veel meer hebben gewonnen of veel minder verliezen hebben geleden.

Talloze beleggers hebben dezelfde fout begaan als hierboven beschreven, namelijk op grote schaal beleggen in één bedrijf of aandeel in de verwachting dat het op korte of lange termijn uitzonderlijk goed zal presteren. Als een belegger weinig kennis heeft van het diversifiëren van zijn portefeuille, zou het slim zijn advies in te winnen bij een financieel planner.

Een financieel planner van een gerenommeerde bron van financiële diensten kan uw huidige investeringen beter begrijpen en een praktische routekaart opstellen om uw financiële doelen binnen een bepaald tijdsbestek te bereiken.

Ook zal een financieel planner met een opleiding in financieel advies u meer mogelijkheden voor beleggingsfondsen kunnen bieden. Vroeger konden alleen vermogende particulieren (HNI's) en zeer vermogende particulieren (super HNI's) zich de diensten van een financieel planner veroorloven.

In de afgelopen vijf jaar hebben beleggers zich echter gerealiseerd dat de vergoedingen die de juiste financieel adviseur in rekening brengt, verwaarloosbaar zijn als hij hen kan begeleiden bij het aanscherpen van hun portefeuille in de richting van hun financiële doelen.

Diversificatie van een portefeuille is noodzakelijk voor vermogensopbouw; als uw portefeuille voornamelijk bestaat uit aandelen van één bedrijf of bedrijfstak, moet u deze dus diversifiëren in uw voordeel.

Diversificatie van participaties en de beginnende belegger.

Het is raadzaam belangrijke keuzes te maken en te kiezen voor een goed gediversifieerde portefeuille, ook al is de portefeuille vrij klein. Het zou dwaas zijn te proberen de volledige kunst van het portefeuillebeheer over te brengen (vooral omdat de markten ogenblikkelijk veranderen en zelfs de meest ervaren portefeuillebeheerders er nog steeds niet in slagen ze te verslaan).

Een tweede reden waarom dit argument irrelevant is, is dat er geen regels zijn en geen "zekere" beslissingen wanneer men probeert de markten te verslaan. Er zijn echter wel hulpmiddelen beschikbaar om beleggers te helpen hun evenwicht te bewaren in turbulente tijden. Diversificatie is het meest fundamentele en waarschijnlijk het meest essentiële begrip voor het handhaven van een goede portefeuille, waarop in dit deel de nadruk ligt.

Diversificatie is het verlagen van het risico door een gediversifieerde portefeuille van effecten aan te houden. Er bestaan twee soorten portefeuillerisico: systematisch risico, ongeacht hoe goed u diversifieert, en onsystematisch risico, dat door diversificatie kan worden vermeden.

In dit deel zal de aandacht vooral uitgaan naar het risico dat een gediversifieerde portefeuille van activa kan beperken. Dit verschijnsel hangt samen met de relatie tussen effecten, gekwantificeerd door de correlatiecoëfficiënt. Dit klinkt misschien beangstigend, maar het is slechts de beweging van aandelen binnen een portefeuille ten opzichte van elkaar.

Als een portefeuille bijvoorbeeld bestaat uit twee ondernemingen en de ene verbetert met 10 punten terwijl de andere met 10 punten daalt, wordt gezegd dat deze twee aandelen negatief gecorreleerd zijn of een correlatie hebben van -1. Als hun tendensen identiek zijn en ze 10 punten tegelijk bewegen, wordt gezegd dat de twee effecten positief gecorreleerd zijn of een correlatie hebben van +1.

Met deze benadering als basis, neem een belegger die in gelijke mate heeft belegd in twee aandelen General Motors en Ford. Aangezien zowel General Motors als Ford Amerikaanse autofabrikanten zijn, is de kans groot dat als het ene aandeel daalt, het andere snel zal volgen.

Als de autoverkoop daalt, zullen meer mensen het openbaar vervoer gaan gebruiken, wat inkomsten genereert voor de bussector. Dit is een voorbeeld van positief gecorreleerde activa; zoals te zien is, is het houden van beide bedrijven heel gevaarlijk. Het zou verstandiger zijn de helft in Ford te beleggen en de rest in een busonderneming.

Dit voorbeeld van een negatieve correlatie toont aan hoe diversificatie van de holdings van een portefeuille het totale risico ervan kan verminderen. Als het aandeel van de busmaatschappij en het aandeel van Ford negatief met elkaar verbonden zijn, wordt het verlies van de ene gecompenseerd door de stijging van de andere.

Men zou zich kunnen afvragen waarom de portefeuille alleen break-even kan draaien als beide effecten elkaar opheffen. Dit zou het geval zijn als de beleggingen negatief gekoppeld zouden zijn; de kans dat effecten in tandem bewegen is in de praktijk echter vrij gering.

Zo zal diversificatie voordelig zijn als de correlatie tussen de beleggingen tussen 0 en -1 ligt. De kans op diversificatie is groter als de beleggingen in uw portefeuille niet de neiging hebben om historisch of in het prospectus samen te bewegen.

Er zijn veel gevallen in de geschiedenis waarin dit principe helaas werd genegeerd. Toch moet men zich eerst afvragen: "Waar is mijn pensioengeld?" en "In welke andere beleggingen zit mijn pensioengeld?".

Het belang van deze kwesties vloeit voort uit het feit dat eind jaren negentig een bedrijf met de naam Enron in financiële moeilijkheden kwam, waardoor duizenden hun investeringen verloren zagen gaan. De verliezen waren ernstig, maar beheersbaar voor degenen die het geluk hadden zich te diversifiëren.

Degenen die uitsluitend Enron-effecten bezaten en er sterk op vertrouwden voor hun pensioen, verloren alles. Uitsluitend beleggen in het bedrijf waarvoor de belegger werkt is een veelgemaakte fout van onervaren beleggers, die niet inzien dat zij ook portefeuillebeheerders zijn en hun risico actief moeten afdekken.

Diversificatie moet worden overwogen voor alle soorten effecten, niet alleen voor aandelen. Het aanhouden van een evenwichtige portefeuille van onroerend goed, obligaties, kleine en grote aandelen en schatkistpapier kan het verschil maken tussen grote verliezen en spectaculaire winsten.

Uit studies blijkt dat professionele fondsbeheerders het niet beter doen dan de gemiddelde belegger, ondanks tientallen jaren van inspanningen om een constant rendement boven de markt te behalen. Dit rechtvaardigt nog meer het aanhouden van een gediversifieerde portefeuille.

Wanneer beleggers een aandeel kopen, weten ze 24 uur later niet wat de prijs ervan is. Hopelijk heeft hij of zij de investering onderzocht om er zeker van te zijn dat het een goede koop was, maar het is onmogelijk te voorspellen waar de investering de volgende dag zal sluiten.

Met diversificatie als ondersteuning kunnen onervaren effectenbeheerders het grootste deel van het risico dat aan deze onvoorziene veranderingen verbonden is, verminderen, waardoor de impact van onze verliezen afneemt en wij succesvollere beleggers worden.

HET BELANG VAN DIVERSIFICATIE VOOR VERMOGENSVORMING.

U hebt waarschijnlijk wel eens gehoord van de uitdrukking "leg niet al uw eieren in één mandje". Als het om beleggen gaat, legt u niet al uw eieren in één mandje. Dit hoofdstuk behandelt de verschillende beleggingsmandjes en schetst onze diversificatiestrategie.

Iedereen heeft angst voor financieel verlies. We willen geen financiële keuzes maken die leiden tot kapitaalverlies. Diversificatie vermindert de kans hierop.

Sommige beleggingen kunnen meer winst opleveren, maar brengen ook meer risico's op korte termijn met zich mee. Andere beleggingen leveren een lager maar stabieler rendement op.

Diversificatie is bedoeld om een gelijkmatiger en consistenter beleggingsrendement in de tijd te verkrijgen.

1: Beleg volgens uw tijdshorizon.

Wanneer wij u ontmoeten, besteden wij veel tijd om uw doelstellingen te leren kennen. Elke beleggingsstrategie die wij aanbieden moet bij u passen en u alle mogelijkheden bieden om uw behoeften en doelen te bereiken.

Als u financiële doelstellingen op korte termijn hebt (minder dan drie jaar), raden wij beleggingen in contanten zoals bankrekeningen en termijndeposito's aan. Hoewel deze beleggingen misschien geen hoog rendement opleveren, blijft uw kapitaal stabiel.

Als uw doelstellingen meer op lange termijn liggen, kunt u beleggingen opnemen, zoals aandelen en onroerend goed, die op termijn een hoger rendement kunnen opleveren. U zou niet een jaar lang in aandelen beleggen, want dat is te gevaarlijk. Al uw geld tien jaar lang in contanten steken is daarentegen net zo gevaarlijk, omdat het de inflatie na aftrek van belastingen nauwelijks zou bijhouden.

Afhankelijk van uw tijdshorizon kunt u een deel van uw middelen beleggen in groeiaandelen voor een hoger rendement.

2 - Verschillende eieren in verschillende manden.

Al uw geld beleggen in één enkel pand of aandeel is gevaarlijk. U kunt een aanzienlijk rendement behalen als het goed presteert, maar wat als het mislukt?

Goede diversificatie houdt in dat u belegt in verschillende activaklassen, waaronder aandelen, onroerend goed, vastrentende effecten en contanten. Hoeveel u in elke sector belegt, hangt af van uw doelen en doelstellingen en de mate van risico die u bereid bent te aanvaarden om uw gewenste rendement te behalen.

Na verloop van tijd zult u zien dat verschillende activaklassen het goed doen op verschillende momenten van het jaar.

3: Neem van de goeden en geef aan de kwaden.

Wij zijn van mening dat het opnieuw in evenwicht brengen van uw portefeuille essentieel is.

Overweeg de aanbeveling dat u ongeveer 30% van uw portefeuille in Australische aandelen belegt. Ongeveer 35% van uw portefeuille bestaat uit Australische aandelen, die naar verwachting het komende jaar een uitzonderlijk rendement zullen opleveren. Als Australische aandelen 5% meer van uw portefeuille uitmaken dan voorheen, zullen andere sectoren ondergealloceerd zijn.

Dit is niet gemakkelijk te verwezenlijken als het goed gaat. Mogelijk zult u, als de Australische aandelen het volgende jaar sterk presteren, spijt krijgen van uw verkoop van vorig jaar. Als de waarde van die sector echter daalt, zult u ons advies en uw discipline bij het aanhouden van de aanbevolen activaspreiding waarderen.

Wanneer Australische aandelen daarentegen een moeilijk jaar hebben en dalen, zullen wij aanbevelen fondsen over te hevelen van sectoren die beter hebben gepresteerd naar Australische aandelen.

4 - Gebruik verschillende beleggingsmodellen.

Pensioen is voor veel mensen het meest geschikte financiële instrument om te sparen voor hun pensioen. Maar hoe verder u van uw pensioen af bent, hoe groter de kans dat de regels voor pensioen veranderen.

Misschien zal de verandering niet groot zijn, maar wij denken dat het gevaarlijk is belangrijke beslissingen te nemen op basis van de veronderstelling dat de huidige wetten nog steeds van toepassing zullen zijn als u over 10 jaar met pensioen gaat.

Wij stellen voor dat u diversifieert over meerdere beleggingsinstrumenten. Wij geven de voorkeur aan een pensioenfonds als het primaire middel voor pensioensparen, maar bevelen ook beheerde fondsen en bankrekeningen aan.

Als de regels veranderen, hebt u niet al uw eieren in één mandje gelegd.

5 - Concentreer u niet op één enkele investering.

Je vermogensopbouw concentreren op één enkele investering is riskant. Ik heb mensen met één beleggingspand en een aanzienlijke hypotheek zien worstelen als ze zes maanden lang geen huurders kunnen vinden.

Ik heb cliënten met grote aandelen in één bedrijf (via een aandelenplan voor werknemers) in enkele weken tijd een vermogensvermindering van 40% zien ondergaan als gevolg van de daling van de aandelenkoers van dat bedrijf.

Dus, verdeel je eieren.

Stel dat u geld hebt geïnvesteerd in vijf verschillende aandelen. Als een van die bedrijven failliet gaat, verliest u 20% van uw geld. Wat als het geïnvesteerd was in honderd bedrijven, waarvan er één failliet ging? U zou slechts 1% van uw kapitaal verliezen.

6: Vergeet de potloden niet.

Als laatste illustratie van het belang van diversificatie, bekijk dit geval.

Stel je voor dat je een potlood van lood vasthoudt. Het is haalbaar om het te buigen en te breken, hoewel het enige moeite kan kosten.

Verzamel nu twintig potloden in je handen. Probeer ze te buigen en te breken, maar dat lukt niet.

DIVERSIFIEERT U UW BELEGGINGEN VOLDOENDE?

De vooronderstelling achter dit advies is dat als u in meerdere soorten activa belegt en één ervan daalt, de andere kunnen stijgen, wat resulteert in een stabieler of minder volatiel rendement op termijn.

De onderliggende premisse is dat de beleggingen die u koopt verschillend zijn en elkaar in alle marktomstandigheden compenseren. In de meeste literatuur worden aandelen, obligaties en eventueel onroerend goed besproken als beleggingen, maar omvat dit alle levensvatbare wegen om rijkdom te vergaren?

Welke uitdagingen brengt deze strategie met zich mee?

4) Diversificatie in de conventionele zin is 99,9% van de tijd effectief, maar die 1% komt steeds vaker voor, en standaard verliespreventiestrategieën zijn misschien niet meer effectief.

Diversificatie is afhankelijk van 1) het evenwicht tussen koop- en verkooporders, 2) de mate van verwevenheid binnen de betrokken markten, en 3) de systematische factor van de uitgifte van geld in combinatie met een hefboomwerking, die het vermogen van koper en verkoper (of de markt) om prijzen overeen te komen, kan overtroeven.

1. In een evenwichtige markt zal er altijd een koper of verkoper beschikbaar zijn om een transactie te voltooien.

U zou de prijs van de investering die u verkoopt moeten verlagen als niemand geïnteresseerd is, maar de transactie zou toch tegen een vaste prijs worden voltooid. Als niemand het wil, kunt u het niet verkopen en de transactie voltooien; daarom zal uw investering waardeloos zijn.

Dit verschijnsel doet zich voor wanneer een markt crasht - iedereen wil tegelijkertijd zijn posities verkopen en niemand koopt, waardoor de prijzen snel dalen. In dat geval is de markt onevenwichtig, en diversificatie zou de volatiliteit alleen verlagen in markten die niet onevenwichtig zijn.

2. Interconnectedness is de mate waarin marktplaatsen onderling verbonden zijn.

Dit concept kan worden begrepen vanaf het lokale investeringsklimaat. Als u Canadese obligaties koopt, worden ze allemaal beïnvloed door dezelfde variabelen, waaronder de Canadese rente, het politieke klimaat, de economie en de regelgeving.

Sommige factoren beïnvloeden Canadese aandelen en obligaties, maar niet op dezelfde manier. Zo heeft een stijging van de rente een rechtstreeks effect op de obligatieprijzen vanwege de wet van de samenstelling en de arbitrageregel (de markten passen de prijs van iets aan totdat alle mogelijke instrumenten dezelfde of een gelijkwaardige prijs hebben).

Het kopen van Canadese en Amerikaanse aandelen en obligaties zal het aantal gemeenschappelijke elementen verder verminderen. Naarmate er meer wereldwijde beleggingen worden gekocht, zijn er minder gemeenschappelijke elementen, aangezien bepaalde economieën zullen floreren en andere zullen dalen.

De economische cyclus, de rente, de valuta's, het bestedingspatroon van de consument, de handel en de regelgeving in elk land zijn zo verschillend dat beleggingen doorgaans in tegengestelde richtingen zullen evolueren. Diversificatie is effectief vanwege de verschillen in het marktklimaat.

Wat zou er gebeuren als alle economieën met elkaar verbonden zouden zijn?

Wat als alle rentetarieven in de wereld aan elkaar gekoppeld waren?

Wat als alle economieën gelijktijdig expansie en krimp kenden? Diversificatie:

Zou het een verschil maken?

Alle aandelen die u bezit zouden als één geheel functioneren. Als alle onderliggende drijfveren eendrachtig zouden bewegen, zou de wereldwijde obligatiemarkt identiek reageren. Als er een scenario zou zijn waarbij individuen alles zouden verkopen uit angst, zou alles gelijktijdig dalen.

Is er een onderling verband?

Hoe heeft de crisis van de eurozone in 2011 onze portefeuilles in Canada beïnvloed?

Getroffen door deze crisis waren China, Japan, Brazilië en Rusland.

Hoe zit het met de IJslandse obligatiemarkt of een Ierse bank? Al deze gebeurtenissen hadden een impact op onze beleggingen.

Hoe? Door de technologie, de koppeling van de wereldeconomieën door handelsovereenkomsten, het wereldwijd delen van arbeid door outsourcing, wereldwijd uniforme prijzen voor grondstoffen en derivaten die overal kunnen worden verkocht en een impact hebben, zijn de wereldeconomieën onderling afhankelijk.

Aangezien derivaten aan elke belegging kunnen worden gekoppeld, speelt het tegenpartijrisico of het risico dat de betrokken partijen niet voor hun inzet betalen, een belangrijke rol bij het verbinden van markten.

Als bijvoorbeeld een gezonde Europese bank investeert in slechte Amerikaanse hypotheken, wordt zij op dezelfde manier geschaad als Amerikaanse banken, ook al zijn de activiteiten van de Europese bank niet veranderd. Doet het jaar 2008 een belletje rinkelen van herkenning? Dus wat kan diversificatie bewerkstelligen als de wereldeconomie één groot geheel is?

Diversificatie is gunstig in een "normale markt" waar de aan- en verkoopkrachten in evenwicht zijn en de prijzen niet buitensporig schommelen. Bij verkoop zou u een constante prijs kunnen krijgen.

Hetzelfde zal gebeuren als u wilt kopen. Er zouden voldoende meningsverschillen zijn om de markt te laten werken. Dat zal niet het geval zijn als iedereen bang is en de markt uit balans is.

3. De derde hypothese is de combinatie van geldemissie en hefboomwerking.

Als er een miljoen aandelen van een kleine mijnbouwonderneming waren, die elk $2 waard waren, zou de totale waarde van de verhandelde aandelen $2 miljoen bedragen.

Wat zou er gebeuren als iemand met 10 miljoen dollar aandelen gaat kopen om het hele bedrag uit te geven?

De prijs van de aandelen zou stijgen. Niet alleen dat, maar als elke aandeelhouder zijn aandelen aan deze persoon zou verkopen, zou hij zelf de prijs kunnen bepalen.

Als hij $5 per aandeel wilde betalen, zou de prijs van de aandelen $5 per aandeel zijn. Als hij $10 per aandeel koos, zouden de kosten $10 zijn. Veronderstel dat slechts een klein deel van de oorspronkelijke aandeelhouders hun aandelen verkoopt. Indien 100.000 aandelen tegen $10 per stuk zouden worden verkocht, zou slechts $1 miljoen worden uitgegeven.

Deze persoon heeft nog 9 miljoen dollar te besteden. Als de oorspronkelijke aandeelhouders vasthouden voor andere prijsstijgingen, kan de resterende $9 miljoen de prijzen blijven opdrijven. Aangezien "veel geld een bepaald aantal aandelen nastreeft", kan de oorspronkelijke prijs van $1 per aandeel met een aanzienlijk bedrag worden vermenigvuldigd.

Merk op dat er geen andere factoren, zoals de sector, de economie, de fundamenten van het bedrijf, het management of de regelgeving, in aanmerking worden genomen bij het bepalen van de aandelenprijs - zelfs niet technische indicaties zoals koersgeschiedenis of koers-volume indicatoren.

De prijs stijgt omdat een grote hoeveelheid geld aandelen koopt. Zo werkt pump-and-dump scams. Er wordt geen agressieve verkooptechniek gebruikt om mensen ertoe aan te zetten aandelen te kopen, en er is geen snelle terugtrekking van speculanten die de daaropvolgende crash veroorzaakt.

Wat is het doel van dit verhaal?

Een soortgelijk patroon komt naar voren als we de hele aandelenmarkt en de oorsprong van het kapitaal onderzoeken. De Federal Reserve en de Europese Centrale Bank "drukken geld bij" of geven aanzienlijke nieuwe schuld uit. Alle nieuw uitgegeven schuld moet het financiële systeem binnenkomen, anders wordt het niet uitgegeven. Wat gebeurt er met de aandelenkoersen, als $1 biljoen wordt bijgedrukt en op de beurs geplaatst?

Omdat deze hoeveelheid geld zo groot is, zal ze alle andere indicatoren overschaduwen en de prijzen doen stijgen omdat er zoveel geld achter de aandelen aanzit. Dit geldt voor alle markten, inclusief obligaties, grondstoffen en derivaten, en het zou ook omgekeerd werken als gelijkwaardige hoeveelheden geld aan een markt zouden worden onttrokken.

Wanneer deze centrale banken geld uitgeven, wordt dat met een veelvoud vermenigvuldigd, zodat het effect aanzienlijk groter is dan de cijfers laten zien. Ter illustratie: als $1 triljoen aan nieuw geld wordt vrijgegeven als nieuwe schuld, kan het hefboomeffect $10 triljoen aan nieuwe derivatencontracten genereren.

In juni 2011 zal de derivatenindustrie naar verwachting 700 biljoen dollar waard zijn. Ter vergelijking: de wereldaandelenmarkt bedroeg in april 2011 ongeveer 50 biljoen dollar, de obligatiemarkt meer dan 90 biljoen dollar in december 2010 en het mondiale bruto binnenlands product 60 biljoen dollar.

Als u zich het vorige aandelenverhaal herinnert, was de quote: "veel geld streeft een vast aantal aandelen na." Deze twee situaties zijn vergelijkbaar omdat het onderliggende fenomeen identiek is. Dit betekent dat derivaten andere markten aanzienlijk kunnen beïnvloeden en de richting van de koersen kunnen beïnvloeden, net als in het vorige aandelenvoorbeeld.

Oplossingen:

Wat moet iemand in deze situatie doen? De traditionele methoden van diversificatie moeten verder worden gebruikt, maar moeten worden uitgebreid. De meeste beleggers kochten aanvankelijk obligaties, gevolgd door Canadese aandelen, Amerikaanse aandelen, wereldwijde aandelen, wereldwijde schulden, grondstoffen en derivaten.

Het is optimaal om een combinatie van deze activa te kopen die geen sterke correlatie hebben of niet gelijk reageren op marktgebeurtenissen. Als deze instrumenten met elkaar verbonden zijn, waar zou u dan vervolgens kunnen diversifiëren?

De sleutel tot het maximaliseren van de voordelen van diversificatie in het verleden was de voortdurende uitbreiding van de mogelijkheden met steeds ongebruikelijker beleggingen. Ironisch genoeg is de manier om verder te diversifiëren een terugkeer naar de fundamenten.

Waarom? De fundamentals zijn niet zo onderling afhankelijk als typische beleggingen; als er iets catastrofaals gebeurt, zullen de fundamentals altijd gezocht of geconsumeerd worden.

Wat zijn fundamenten?

Liquide middelen zijn de eerste. Zij stijgen of dalen niet met de marktschommelingen, totdat er sprake is van aanzienlijke inflatie of de waarde van de munt wordt gewijzigd door devaluatie of een andere wijziging.

Door contant geld aan te houden kunt u een artikel tegen een lagere prijs kopen, waardoor u minder risico loopt dan wanneer u het tegen een hogere prijs koopt. Goud en zilver zijn de valuta's van de wereld. Het volgende begrip is dus het bezitten van verschillende soorten contant geld. In het verleden werden deze gebruikt als valuta, en dat zou in de toekomst opnieuw kunnen gebeuren.

Daarin kan worden geïnvesteerd via goudaandelen en onroerend goed. Als u over de kennis en middelen beschikt, kan het de moeite waard zijn te overwegen grond te kopen voor allerlei doeleinden, zoals pacht, energieopwekking, voedselproductie of toekomstige ontwikkeling.

De volgende vraag is, "wat koop ik met geld?" waarom heb ik het nodig? Als je zaken onmiddellijk verkrijgt, heb je geen geld nodig. Dit is waar ruilhandel en zelfproductie kunnen worden overwogen. Dit concept wordt uitgebreid via gemeenschappelijke ruilhandel, contant geld, en waar mogelijk lokale productie. Dit is het direct creëren van items als een team, in tegenstelling tot individueel.

Zodra het voldoet aan de handelsnormen - het slaat waarde op, het is consistent, gemakkelijk verkrijgbaar, gestandaardiseerd en iedereen die het gebruikt gelooft dat het waardevol is - kan alles als valuta worden gebruikt. Een bedrijf starten en een handelsnetwerk opzetten zou een uitbreiding van dit concept kunnen zijn.

De toekomst van diversificatie is gebaseerd op innovatie en een economie die mensen in staat stelt te slagen via innovatie. Diversificatie is een prachtig begrip, maar het moet worden uitgebreid om te garanderen dat het zo effectief mogelijk is.

VOORZICHTIGHEID BIJ BELEGGINGEN DOOR DIVERSIFICATIE VAN DE PORTEFEUILLE.

Diversificatie is als er één tijdloos beleggingsprincipe is dat boven alle andere staat, een van de allerbeste. Als u honderd willekeurige mensen op straat vraagt om diversificatie te definiëren, krijgt u waarschijnlijk 100 unieke antwoorden. Om ervoor te zorgen dat iedereen op één lijn zit, is het essentieel om van meet af aan duidelijke definities vast te stellen.

Diversificatie gaat niet over het behalen van "hogere rendementen", zoals een veel voorkomend misverstand is. Diversificatie is vooral gericht op het beperken van risico's, niet op het maximaliseren van opbrengsten. De twee sluiten elkaar niet uit, maar het spreekt vanzelf dat u meer kans hebt op een groter rendement als u bereid bent meer risico te nemen.

Spreiding is een essentiële fundamentele benadering van geldbeheer die moet worden uitgevoerd om uw financiële doelstellingen op lange termijn te bereiken en tegelijkertijd het risico te beperken, ook al biedt het geen garantie tegen verlies.

Stel dat u de investeringspatronen van families en hun vermogen dat gedurende vele generaties is blijven bestaan, onderzoekt. In dat geval zult u zich realiseren dat diversificatie een veel diepere betekenis heeft voor mensen die in alle denkbare economische en politieke omstandigheden succesvol willen zijn.

Het doel van dit deel is het bespreken van de meest essentiële factoren voor het bereiken van echte portefeuillediversificatie.

De term "portefeuille" verwijst meestal naar de verzameling beleggingen van een individu. Uw portefeuille beslaat uw hele leven, en we hebben de neiging over het hoofd te zien dat het meer is dan alleen een weerspiegeling van wat we rechtstreeks in pensioenactiva stoppen.

Om uw portefeuille beter te begrijpen, kan het nuttig zijn deze te zien als een weergave van uw nettowaarde. Als u uw portefeuille vanuit dat perspectief bekijkt, kunt u bepalen welke activa te weinig of te veel zijn toegewezen, zodat u dienovereenkomstig kunt plannen.

Kennis en deskundigheid zijn de kostbaarste dingen die je kunt bezitten, en iets wat ik in de loop der jaren heb opgemerkt is dat te veel mensen de droom van passief inkomen kopen zonder het proces te begrijpen.

Het ontwikkelen van vele stromen van passief inkomen gaat niet snel. We mogen dan wel gericht zijn op het uitbreiden van onze rijkdom op een hands-off, passieve manier, het vergt toch een initiatiefrijke houding en een solide geldbeheertechniek.

"Leg nooit alle eieren in één mandje" - U hebt dit verstandige adagium uw leven lang herhaaldelijk gehoord. Deze gouden beleggingsregel wordt echter vaak misbruikt en verkeerd geïnterpreteerd.

Hoewel het concept van een goed gediversifieerd "mandje" met beleggingen in vele financiële activaklassen en bedrijven om de risicoblootstelling te beperken intuïtief klinkt, houden veel beleggers zich er niet correct aan.

Sommige beleggers begrijpen niet wat het betekent om een gediversifieerde portefeuille te hebben, terwijl anderen het negeren.

Zoals u op het punt staat te ontdekken, is er meer aan diversificatie dan het selecteren van een paar "set and forget" beleggingsinstrumenten, het storten van fondsen en het overdragen van de controle aan iemand anders.

Marktdiversificatie, activaspreiding en risicobeheer vormen de pijlers van succesvol langetermijnbeleggen.

Zoals elke financieel adviseur of iemand met een beetje gezond verstand u zal vertellen, is de beste strategie om uw portefeuille te beschermen het spreiden van uw risicokapitaal over vele activaklassen en beleggingssoorten.

Zo verkleint u de kans dat één enkele belegging of activaklasse de totale prestatie van uw portefeuille tenietdoet.

Deze activa bestaan doorgaans uit verschillende aandelen, obligaties, depositocertificaten en beleggingsfondsen.

Eerlijk gezegd huiver ik telkens wanneer ik goedbedoelende beleggers - degenen die hun hele leven alleen maar op veilig hebben gespeeld - hoor suggereren dat iedereen zich moet "indekken" tegen een beurscrash, een terroristische aanslag of een natuurramp door hun pensioenportefeuilles te vullen met laagrentende bank-cd's of schatkistpapier die hun geld 5 tot 10 jaar vastzetten.

Niet alleen kunt u met deze beleggingen de inflatie nauwelijks bijhouden (de onzichtbare belasting), maar wanneer het grootste deel van uw beleggingsportefeuille uit sterk gecorreleerde activaklassen bestaat, kan uw totale risico dramatisch stijgen.

Investeringsmethode.

Veel mensen hebben ambities. Ze missen alleen het plan om hun doelen te bereiken. Een spreekwoord zegt: "Als je niet plant, plan je om te falen."

Terwijl de meeste verstandige mensen niet naar een onbekende locatie zouden reizen zonder een wegenkaart of routebeschrijving, proberen veel te veel beleggers door de financiële wereld te navigeren zonder een wegenkaart voor beleggingen.

Voordat u geld investeert, moet u duidelijke doelen hebben en een plan om die te bereiken. Hier komen uw risicoaversie en beleggingsstrategie om de hoek kijken.

Maar er is een voorbehoud: met zoveel verschillende soorten individuele beleggingen waaruit u kunt kiezen, kan het snel erg verwarrend worden, vooral als u geen onderzoek hebt gedaan of niet weet waar u moet beginnen.

Als wolven in een kippenhok gebruiken traditionele beleggingsondernemingen "gemak" als hun belangrijkste verkoopargument om u ertoe te bewegen uw zuurverdiende geld bij hen te beleggen en het in hun handen te laten totdat uw financiële doelen zijn bereikt of totdat u met pensioen gaat (als dat toevallig uw doel is).

Maar deze strategie van uitbreiding van uw nestfonds is gewoonweg te gevaarlijk. Het is verstandiger om een beleggingsstrategie te volgen die uw huidige inkomen verhoogt en u in staat stelt uw principe veel eerder terug te verdienen, in plaats van te wachten tot u te oud bent om ervan te genieten (of er nooit van kunt genieten).

Een professionele adviseur kan ervoor zorgen dat u niet meer (of minder) investeert dan u zou moeten en u helpen bij het berekenen en vaststellen wat er moet gebeuren om uw financiële doelen te bereiken.

Of u al dan niet kiest voor de diensten van een erkende deskundige is ondergeschikt aan uw vermogen om de belangrijkste vragen over de financiële stabiliteit van uw gezin openhartig te beantwoorden.

Welke doelen verwacht u te bereiken met uw investeringen?

Wil je de kosten van de universiteit dekken? Een huis kopen? Binnenkort met pensioen gaan?

Beschikt u over de moed om de achtbaanrit en de potentiële verliezen bij risicovolle beleggingen te doorstaan?

Hebt u voldoende tijd voor uw pensioen en voldoende spaargeld om te vertrouwen op passieve beleggingsopbrengsten, of hebt u een hoger rendement nodig om uw pensioendoelstellingen te bereiken?

Dit zijn slechts enkele voorbeelden van het soort vragen dat u moet kunnen beantwoorden om de voordelen van diversificatie te maximaliseren.

Beleggen is vergelijkbaar met een spel waarbij de winnaar onbekend is tot na afloop van het spel. Wanneer u een spel speelt, is er meestal een methode die u kunt gebruiken om uw winstkansen te maximaliseren; beleggen is geen uitzondering.

Beleggen werkt het best als je het eenvoudig houdt. Mensen hebben de neiging om elk aspect van beleggen te overcompliceren, waardoor het moeilijker wordt dan het is.

Succesvol investeren is vergelijkbaar met tuinieren, niet met het winnen van de loterij. Je moet veel zaden planten omdat de vogels een deel ervan zullen opeten.

Sommige zullen bloeien terwijl andere verwelken, en voortdurend wieden zal altijd nodig zijn (en af en toe zal er ongedierte moeten worden aangepakt).

Maar als u de zaken goed aanpakt (en uw "hebzuchtmonster" bewaart), hebben uw beleggingen de beste kans om te blijven groeien.

Je kunt ze voorzichtig een duwtje geven, maar een snelle ontwikkeling is meestal onvast en fragiel en kan op je vallen. Uiteindelijk zul je een aantal "geldbomen" hebben die zo gegroeid zijn dat ze een aanzienlijk passief inkomen genereren.

Rijkdom vloeit voort uit hoe hard je werkt, hoeveel je verdient, hoeveel je geld oplevert, en hoe lang je geld compoundeert.

Ongeacht uw langetermijndoelstellingen is het niet altijd eenvoudig om een continu passief inkomen te genereren, maar zolang u weet wat u wilt, een plan hebt en u eraan houdt, kan niets u ervan weerhouden uw financiële doelen te bereiken.

Stel dat je momenteel geniet van de hogere levensfasen. Gefeliciteerd! Ik heb ontdekt dat de reis leuker is dan de bestemming.

UITSTAPTECHNIEKEN EN DIVERSIFICATIE.

In deze moeilijke omstandigheden is het belangrijk om enkele fundamentele beginselen van vermogensbeheer en -bescherming opnieuw te bekijken. Er zijn veel redenen om in het licht van het huidige economische klimaat opnieuw te evalueren hoe uw onderneming is gepositioneerd met betrekking tot uw exitplannen.

Er is gezegd: "Om rijk te worden, moet je veel dingen bezitten, maar om rijk te blijven, moet je verschillende uiteenlopende dingen bezitten."

Daarom luidt de vraag: "Houdt u momenteel te veel aan van één enkel actief - uw privé-onderneming - wat uw totale strategie voor vermogensbehoud in gevaar kan brengen?".

Dit is de vraag die je jezelf moet stellen:

Wil ik doorgaan met "rijk worden" of "rijk blijven"?

Als u "rijk wilt blijven", hebt u een exit-strategieplan nodig om uw illiquide bedrijfsrijkdom te beschermen. U zult waarschijnlijk een deel (of het geheel) van uw bedrijfsbelang te gelde willen maken om uw vermogen te DIVERSEREN.

Een andere uitstekende vraag om jezelf af te vragen is:

"Zou ik alle winst van de verkoop van mijn bedrijf vandaag investeren in één enkel aandeel dat geen actief verhandelde markt heeft?"

Het antwoord is waarschijnlijk een volmondig "NEE" omdat het risico van het bezitten van slechts één aandeel op dit moment in uw leven te groot is. Dit financiële plan heeft één enkel punt van mislukking, omdat de investering NIET GEDIVERSIFICEERD is.

Dit is de huidige financiële realiteit voor veel eigenaren van particuliere bedrijven.

Het grootste deel van uw vermogen zit vast in uw privé-bedrijf.

Als dit het geval is, zou het verstandig zijn om te vragen: "Waarom ben ik niet meer DIVERSIEF?"

Vaak zal een bedrijfseigenaar op een van de volgende manieren reageren:

"Ik zie mijn bedrijf niet als een RISICO" of "Ik ben niet klaar om het bedrijf te VERKOPEN. Daarom kan ik niet DIVERSEREN. "

"Ik ben niet klaar om het bedrijf te VERKOPEN; daarom kan ik niet DIVERSIFICEREN," of "Als ik mijn bedrijf zou moeten verkopen om mijn vermogen te diversifiëren, zou ik het op dit moment niet kunnen doen."

Om mijn naasten financieel te beschermen in het geval van mijn voortijdige overlijden, heb ik een aanzienlijke levensverzekering afgesloten (d.w.z. "mijn sterfelijkheid is het enige risico dat ik echt beschouw als van invloed op het toekomstige succes van mijn bedrijf").

Mijn bedrijf verkoopt verschillende producten en/of diensten; ik ben DIVERSIEF.

U kunt bereid zijn om te erkennen: "Ik heb me nog niet ingezet om te leren over exit-strategieplanning om mijn rijkdom goed veilig te stellen."

Veel ondernemers hebben zich nog niet toegelegd op het leren plannen van een exit-strategie. Toch willen ze hun kapitaal liever beschermen tegen moeilijke economische tijden zoals we die nu meemaken. Een exit-strategieplan is echter afgestemd op uw doelstellingen, zodat u uw bedrijf kunt verlaten op de manier en binnen het tijdsbestek die u het meest geschikt acht.

Daarom wordt de vraag: "Wat moet er gebeuren voordat u Exit-strategieën overweegt?"

Onderzoek waarom het voor een succesvolle ondernemer een uitdaging is om zich te concentreren op een exit-strategie.

Als eigenaar van een bedrijf bent u de baas over uw lot. U hebt de kansen om het te maken in de zakenwereld overwonnen en blijft dat dagelijks doen. Het overwegen van een plan voor een exit-strategie gaat meestal "tegen de stroom in" van gedachten over bedrijfsgroei en -uitbreiding.

Hoe kunt u deze Titanische manier van denken omzetten in een exit-strategieplan dat al uw verdiende vermogen veilig stelt?

Welnu, het enige logische antwoord op deze vraag is het advies in te winnen van mensen die hun bedrijf al hebben verlaten en de kennis te verzamelen die u nodig hebt om "na te denken" over het verlaten van uw bedrijf.

Het verzamelen van informatie over de voorbereiding van een exit-strategie roept gedachten op over het verlaten van de onderneming.

Meestal gaan gedachten over het verlaten van uw bedrijf gepaard met gevoelens van "tijd en financiële onafhankelijkheid".

En als deze exit-gerelateerde gedachten en emoties voldoende lang aanhouden, stelt u uw geld veilig met een goed getimed en doordacht plan voor een exit-strategie.

Vervolgens zult u uw succes mede beoordelen op basis van hoe divers uw exit-strategieplan u heeft gemaakt.

Concluderend, de meeste ondernemers zullen beslissen wanneer ze volledig voorbereid zijn. Daarom kunnen we de miljoenen ondernemers die er zijn alleen maar blijven benadrukken dat diversificatie essentieel is om het succes veilig te stellen dat u een leven lang hebt bereikt.

In dit licht kan men stellen dat het nooit te vroeg is om een exit-strategie te overwegen.

DIVERSIFICATIE IS DE SLEUTEL TOT INDIVIDUELE RIJKDOM.

Het kost tijd en moeite om rijkdom te vergaren; slechts weinigen van de wereldrijken zijn rijk geboren; de overgrote meerderheid heeft zijn fortuin verdiend door hard te werken.

Vraag iedereen die meer geld op de bank heeft dan de doorsnee werknemer, en zij zullen u vertellen dat zij in het verleden keihard hebben gewerkt en dat nog steeds doen om hun fortuin te behouden. Zij zullen u ook vertellen dat zoveel diversificatie als u zich kunt veroorloven een van de beste methoden is om uw investering om te zetten in rijkdom.

De meesten van ons hebben een krap budget wanneer we voor het eerst beginnen, en we zoeken naar financiële winst op korte termijn die onze bankrekeningen zal vullen. Maar tenzij je de loterij wint, zal dat waarschijnlijk niet gebeuren. Het kost tijd en moeite om rijkdom op te bouwen en voldoende financiële stabiliteit om dat vol te houden.

Elk lid van de miljonairs- of miljardairsclub zal de nadruk leggen op diversificatie van beleggingen, analoog aan het niet in één mandje leggen van alle eieren. Er zijn zoveel mogelijkheden om uw geld in te beleggen dat het moeilijk kan zijn om te beslissen welke u moet nastreven. Voordat u investeert, moet u de tendensen van de verschillende markten enige tijd observeren.

Het openen van een 401(k) en beleggen via een beleggingsfonds is een slimme plek om te beginnen; dit is een relatief veilige manier om te beleggen, en het rendement op lange termijn kan bevredigend zijn. Zodra u winst begint te zien in uw beleggingsfonds, kunt u proberen een deel van uw winst in andere markten te beleggen.

Investeren in de Forex geldmarkt is een goede aanpak om grotere winsten te behalen in een kortere periode, maar u moet begrijpen hoe deze markt werkt om winst te maken. Zoek een geloofwaardige aanbieder wiens software een trainingsprogramma biedt en bestudeer het goed voordat u investeert.

De aankoop van staatsobligaties en schatkistpapier is een vrij veilige belegging; afhankelijk van welke u koopt, kan het rendement vrij hoog zijn. De enige troef is dat deze obligaties worden gedekt door de Amerikaanse overheid, die waarschijnlijk niet failliet zal gaan, zodat uw geld gegarandeerd veilig is.

Neem uw tijd en investeer verstandig; u zult een financieel zekere toekomst tegemoet gaan. Hoe meer gediversifieerd uw portefeuille, hoe meer geld u kunt verdienen om rijkdom te creëren.

Probeer wat ik deed als je onmiddellijk of binnen het uur geld nodig hebt. Ik verdien vandaag meer geld dan in mijn vorige bedrijf, en dat kan jij ook, als je op de onderstaande link klikt en het ongelooflijke ware verhaal leest. Ik was slechts tien seconden achterdochtig nadat ik lid was geworden voordat ik wist wat dit was. U zult ook stralen van oor tot oor, net als ik.

Stel u voor dat u uw geld elke week verdrievoudigt met verwaarloosbaar of geen risico! Om een lijst te vinden van geverifieerde Million Dollar Corporations die 75% commissie geven op hun producten.

Na het besluit om met pensioen te gaan, zijn veel mensen het meest bezorgd dat ze zonder geld komen te zitten. Diversificatie van pensioeninkomsten helpt dit risico te verminderen. Diversificatie is een van de meest waardevolle onderdelen van een financieel plan, omdat het de kans op een tekort aan geld kan verkleinen.

De meeste gepensioneerden hebben verschillende bronnen van inkomsten om hun levensstijl te ondersteunen. Socialezekerheidsuitkeringen zijn beschikbaar vanaf 62 jaar. Rekeningen voor pensioen en privé-sparen kunnen worden belegd in verschillende activaklassen. Verzekeringsmaatschappijen bieden vaste lijfrentes die een vast maandelijks inkomen kunnen genereren.

Sociale zekerheid en vaste lijfrente-uitkeringen zijn gegarandeerd, maar zijn mogelijk niet voldoende om alle kosten te dekken. Elk van deze inkomstenbronnen brengt risico's met zich mee. Daarom is geen van deze bronnen ideaal.

Ook is het mogelijk dat zij geen gelijke tred houden met de inflatie, waardoor het vermogen om de koopkracht op termijn te handhaven in gevaar komt als zij de enige bron van inkomsten zijn. Garanties voor vaste annuïteiten zijn afhankelijk van het vermogen van de uitgevende verzekeringsmaatschappij om claims uit te betalen.

Beleggen in aandelen en obligaties is een andere optie om te overwegen bij het zoeken naar pensioeninkomen. Aandelen bieden een groter potentieel voor vermogensgroei, maar zijn riskanter en kunnen in waarde dalen. Over het algemeen bieden obligaties een hogere rente dan vaste lijfrentes.

Obligaties dragen hetzelfde risico van waardedaling als aandelen totdat ze op de vervaldag komen. Noch aandelen noch obligaties leveren een maandelijkse cashflow op. De meeste obligaties betalen tweejaarlijks rente. Aandelen betalen al dan niet driemaandelijks dividend. Vele betalen echter helemaal geen dividend.

Diversificatie helpt het risico te beperken dat verbonden is aan het vertrouwen op slechts één bron van pensioeninkomen. Sociale zekerheid en een vaste lijfrente-uitkering kunnen een maandelijkse inkomensbasis bieden als onderdeel van een alomvattende aanpak. Beleggingen in pensioenrekeningen en andere besparingen kunnen worden gebruikt om de vaste betalingen aan te vullen en groei op lange termijn te genereren.

Een gevarieerde portefeuille kan bescherming bieden tegen onvoorziene rampen. Veel gepensioneerden maken zich zorgen dat ze hun geld niet zullen overleven. Vaste lijfrentes kunnen dit probleem verlichten, afhankelijk van de betalingsoptie die u kiest. Zo kan een vaste lijfrente fungeren als een verzekering voor langdurige zorg.

Sociale zekerheid en vaste lijfrentes kunnen nuttig zijn om een stabiel inkomen te verschaffen, maar ze voldoen niet aan de vraag naar een vast bedrag. Wie een deel van zijn vermogen bewaart in liquide beleggingen, zoals aandelen en obligaties, kan daarmee zo nodig hoge noodrekeningen betalen. Een tweede zorg is dat een belangrijke uitgave, zoals een forse medische rekening, zich vroeg in het pensioen voordoet.

Niet alleen houdt diversificatie, de tweede gouden regel van succesvol beleggen, in dat er nooit te veel eieren in een mandje moeten worden gestopt dat ook nog eens goed in evenwicht moet zijn tussen vastrentende en aandelen, maar ook dat het zo belangrijke aandelengedeelte van portefeuilles verder moet worden onderverdeeld in een voldoende aantal subsectoren om het risico over een voldoende aantal individuele aandelen te spreiden.

Aangezien Canada slechts 2% tot 3% van de wereldwijde aandelenmarkt vertegenwoordigt, is het noodzakelijk om in het buitenland te diversifiëren om toegang te krijgen tot meer en betere beleggingsmogelijkheden. Buitenlandse beleggingsfondsen, op de beurs verhandelde fondsen of Amerikaanse en Canadese bedrijven met aanzienlijke wereldwijde activiteiten kunnen worden gebruikt om wereldwijde diversificatie te bereiken.

Bij een dergelijke zoektocht zal blijken dat er een overvloed aan buitenlandse aandelen is om uit te kiezen, waarbij het vertrouwen in de informatiebronnen waarop dergelijke beslissingen zijn gebaseerd van essentieel belang is.

De noodzaak van diversificatie benadrukt ook het belang van statistische significantie voor individuele portefeuillebezit. Met andere woorden, individuele activa mogen niet te klein worden om zinvol bij te dragen tot de groei van de portefeuille.

Daarom mogen individuele aandelenbeleggingen nooit minder dan 5% van een portefeuille uitmaken. Om de hogere langetermijnresultaten te bereiken die deze innovatieve en beproefde aanpak kan opleveren, is het van essentieel belang dat de activa regelmatig opnieuw in evenwicht worden gebracht tot gelijke dollargewichten.

Beleggen is per definitie nooit risicoloos - recessie, inflatie, wereldwijde rampen, niet aflatende wereldwijde concurrentie, evoluerende technologie, toenemende belastingen, bedrijfsfaillissementen, winstderving, enz.

Desondanks kunnen dergelijke risico's tot een aanvaardbaar niveau worden beperkt door voorafgaande studie, een verstandige spreiding van activa en een goede diversificatie - weer die gouden principes!

Risicobeheersing of afdekking kan ook worden bereikt door gebruik te maken van geavanceerde derivaten waarvan de waarde wordt "afgeleid" van veranderingen in de krachten die de aandelen- en obligatiekoersen beïnvloeden.

Een graanboer kan bijvoorbeeld een contract verkopen om de prijs van zijn oogst vast te zetten, terwijl een klant, zoals een voedselverwerker, een derivaat van de graanboer kan kopen om de prijs van grondstoffen vast te zetten.

Uiteindelijk kunnen derivaten worden gebruikt om portefeuilles te verzekeren tegen kapitaal- en inkomensverlies, waardoor zij een zeer doeltreffend hefboomeffect hebben, d.w.z. het beleggingsrendement verhogen door te lenen. Ze kunnen echter gevaarlijk zijn als buitensporige bedragen worden geleend of onverantwoord worden gebruikt.

KERSEN OP DE TOP.

Balanceer de portefeuilles goed, diversifieer en beleg op een gedisciplineerde, systematische manier. Na verloop van tijd kan er een voldoende buffer zijn om risicovoller te beleggen of zelfs te speculeren voor een eenmalige winst om het potentieel voor vermogensopbouw te vergroten:

Maar denk er altijd aan vooraf onderzoek te doen en dergelijke stappen pas te zetten als de portefeuilles goed zijn opgebouwd en de mogelijke verliezen van grotere risico-opbrengsten zich kunnen veroorloven.

Een laatste overweging is dat effectief beleggen, een lange-termijnbelegging met risico, de beklimming van oneindige muren van angst met zich meebrengt in een proces met veel onderling afhankelijke variabelen.

Als u zich echter houdt aan de twee gouden regels, geduld en zelfdiscipline betracht, kunt u erop vertrouwen dat uw zorgeloze pensioen werkelijkheid wordt door uitstekend en effectief te beleggen.

Vergeet ook niet dat de tijd die in de markt wordt doorgebracht veel belangrijker is dan de dagelijkse timing bij het overwinnen van deze muren van angst. De legendarische Sir John Templeton stelde ooit dat het ideale beleggingsmoment was wanneer men reeds over kapitaal beschikte. Evenzo heeft de grote Warren Buffett onzekerheid en de kortingskansen daarvan altijd beschouwd als een vriend van de koper van beleggingswaarde op lange termijn.

Ondanks de complexiteit van het moderne beleggen hadden onze ouders nooit zo'n ruime keuze aan beleggingsproducten en -diensten waaruit zij konden kiezen of waarop zij hun pensioenplannen voor de lange termijn konden baseren. Beleggen en floreren en tegelijkertijd effectief omgaan met de risico-batenverhouding is een uitdaging die meer dan ooit binnen ons bereik ligt.

Voor beleggers in de huidige benijdenswaardige, fiscaal gezonde en verleidelijk "belegbare" veilige haven voor investeringen, vergelijkbaar met geen ander!

CONCLUSIE.

Het lijdt geen twijfel dat rijkdom en welvaart essentieel zijn voor geluk. Geld geeft je misschien geen andere levensjaren, een goede gezondheid of geluk, maar het speelt een vitale functie in de samenleving en is een krachtige kracht die de wereldeconomie aandrijft.

Er bestaat een Wet van Rijkdom en Succes in de spiritualiteitsleer, en iedereen die deze zeven regels voor het produceren van rijkdom kent en toepast, zal voorspoed hebben. Weinig mensen kennen deze zes principes omdat ze verborgen zijn voor onze ogen, die alleen tastbare objecten zien en buiten het gewone begrip vallen.

Oude wijzen uit vele beschavingen en religies waren bekend met de ZES wetten voor het scheppen van rijkdom. Ze zijn universeel; daarom kan iedereen, ongeacht zijn geloof, ze gebruiken om buitengewone prestaties te leveren.

Het is ook essentieel om geld te beschouwen als een bron van goddelijke energie. Iedereen is zich ervan bewust, maar je moet het manifest maken. Het is alleen nodig het te externaliseren. Met andere woorden, totdat je een "miljonairsmentaliteit" cultiveert, is het moeilijk om rijkdom in je leven aan te trekken.

Heb geen hekel aan geld. Als deze energie op de juiste manier wordt gekanaliseerd en gecombineerd met de creatieve harmonie van het universum, kunnen je positieve, krachtige gedachten alles wat je wenst in je leven manifesteren.

Houdt niet iedereen van het geld? Mensen kunnen onbewust geld afwijzen op basis van religieuze principes, hoewel ze het openlijk ontvangen. Je moet net zo volledig en toegewijd van geld houden als van je partner.

Heb geld lief zonder arrogantie, en het zal de gunst teruggeven. Beschouw het niet als slecht en trek de aard ervan niet in twijfel. Geld is niet onrein, alleen de hersenen van degenen die het bezitten zijn dat. Wie veroordeelt, verliest.

Financiële zekerheid wordt bereikt door een procedure. Het houdt in dat dit proces je je hele leven vergezelt, en door je hart en geest open te stellen voor rijkdom, zul je een gevoel van rijkdom ontwikkelen dat niemand je kan afnemen.

Ideeën zijn energie-impulsen die kunnen materialiseren; bijgevolg moet men beseffen dat de bestemming van zijn of haar leven volledig in zijn of haar gedachten besloten ligt. Raak er daarom aan gewend te denken aan gemak, rijkdom en succes; het beste zal naar je toe komen. Verafschuw jezelf niet!

Als geld in je leven komt, is het dienstbaar aan een doel, een streven of een verlangen. De drijvende kracht van het leven heeft een doel; het geeft het bestaan zin en maakt het heilig. Het is aan jou om het doel van je leven te bepalen.

Je moet expliciet vaststellen hoe je wilt dat rijkdom zich in je leven manifesteert, want er zijn meerdere manifestaties. Stel je levensdoel vanaf nu zo goed mogelijk vast en houd je eraan totdat het is bereikt.

Geld is een energie, en alle energieën moeten circuleren; daarom moet geld op dezelfde manier circuleren als bloed. Als het bloed gemakkelijk door je lichaam stroomt, is je gezondheid uitstekend. Houd daarom je geld in beweging. Dit sluit sparen niet uit. Je moet het sparen op basis van de emotie van levensoptimisme.

Mensen geloven dat het aanhouden van spaargeld hen beschermt tegen "regenachtige dagen", maar dit geloof is gebaseerd op pessimisme, dat niet wordt bevorderd met betrekking tot de geldcirculatie. Wees niet voortdurend bang.

Daarom zal geld sparen, zolang het gemotiveerd wordt door een gezonde, aangename houding, de doorgang van geld of kosmische energie in de kosmos niet belemmeren.

Rijkdom verwerven zonder terug te geven genereert negatief karma, dat zich uiteindelijk zal manifesteren. Het universum zal je meer belonen als je vrijgevig, onbaatzuchtig, waarheidsgetrouw en bescheiden bent, zonder arrogant of hypocriet te zijn.

Geven en ontvangen gaat verder dan materiële goederen. Het kan gaan om achting, vleierij of bewondering voor anderen. Verruim daarom je hart om meer te geven en te aanvaarden. Denk eraan dankbaarheid en waardering te uiten aan het Universum voor het geschenk en blij te zijn met wat je momenteel bezit.

Iedereen heeft een "stemmetje" dat spreekt als je onzeker bent. Het probleem is dat we het "stemmetje" volledig hebben geblokkeerd. Het stemmetje is echt je beste vriend in het leven en zit aan de rechterkant van je hersenen.

Om je vriend te raadplegen, stel je een wens of vraag in je hart op en laat je, bij voorkeur tijdens meditatie, toe wat er komt. Wanneer je een onzeker scenario tegenkomt, gebruik dan je intuïtie voor inspiratie en begeleiding. Gebruik daarom je instinct bij je pogingen om geld te verdienen!

Dit zijn de zes meest effectieve regels om geld te verdienen. Het zijn de onbetwiste technieken om rijkdom te maken in je leven, dus je moet er altijd vertrouwen in hebben, want ze zijn door de geschiedenis heen steeds weer beproefd. Pas ze onmiddellijk toe, en uw inspanningen zullen goed beloond worden.

Raadpleeg uw geestelijke leiding als u niet zeker bent. Pas ze dagelijks toe met zelfverzekerdheid en volharding, en je zult spoedig wonderbaarlijke resultaten gaan merken.

Managementvaardigheden voor managers.

- ➢ Tijdmanagement voor managers
- ➢ Werknemerscoaching voor managers
- ➢ Teambuilding voor managers
- ➢ Zelfvertrouwen voor managers
- ➢ Onderhandelingsvaardigheden voor managers
- ➢ Klantendienstvaardigheden voor managers
- ➢ Assertiviteit voor managers
- ➢ Zakelijke etiquette voor managers
- ➢ Luistervaardigheden voor managers
- ➢ Leiderschapsvaardigheden voor managers
- ➢ Communicatievaardigheden voor managers
- ➢ Presentatievaardigheden voor managers
- ➢ Stressbeheersing voor managers
- ➢ Besluitvorming voor managers
- ➢ Conflictbeheersing voor managers.

Serie: Financiële vrijheid op elke leeftijd.

- ➢ Financiële vrijheid bereiken in je twintiger jaren
- ➢ Financiële vrijheid bereiken in je 30ste
- ➢ Financiële vrijheid bereiken in je 40ste
- ➢ Financiële vrijheid bereiken in de 50
- ➢ Financiële vrijheid bereiken In Je 60ste
- ➢ Financiële vrijheid bereiken in je 70ste en daarna.
- ➢ Financiële vrijheid voor kinderen bereiken
- ➢ Het bereiken van financiële vrijheid in tieners
- ➢ Het bereiken van financiële vrijheid bij studenten.
- ➢ Financiële zwendel om op te passen bij pensionering.

Serie: Personal Finance for You.
- Crypto kopen en verkopen voor beginners
- Waarom beleggen in dividendaandelen zinvol is.

Serie: Rijkdom 2022.

- Online ondernemen.
- Uw eigen bedrijf beginnen
- Vermogensbeheer
- Passief inkomen.
- 12 stappen om je eigen bedrijf te beginnen.

Serie: Uitstekende Klantenservice.
- Uitstekende klantenservice in de detailhandel
- Uitstekende klantenservice in fast food
- Uitstekende klantenservice in een full-service restaurant
- Uitstekende klantenservice in het onderwijs.
- Uitstekende klantenservice in onroerend goed
- Uitstekende klantenservice in een callcenter
- Uitstekende klantenservice als receptioniste
- Uitstekende klantenservice in een hotel
- Uitstekende klantenservice in de verkoop
- Uitstekende klantenservice, ongeacht de situatie.
- Uitstekende klantenservice bij de tandarts

- Uitstekende klantenservice in medisch kantoor.

Serie: Snel geld.

- Snel geld in een week
- Snel geld in een weekend
- Snel geld in een maand
- Snel geld voor studenten.

Serie: How to Promote.

- Hoe uw receptenboek promoten
- Hoe uw kinderboek te promoten.

Andere boeken van D.K. Hawkins.

- Hoe uw bedrijf bloeit tijdens een recessie
- Meerwaarde creëren voor klanten
- Kansen herkennen om de kasstroom te verhogen.
- Recessies zijn wanneer miljonairs en miljardairs worden gecreëerd.
- De zes wetten van rijkdom

Auteur Bio

D.K. Hawkins. D.K. leest graag persoonlijke zakelijke boeken en brengt graag tijd buiten door. Meer boeken komen in deze collectie, dus volg haar op Amazon voor meer boeken.

Bedankt voor uw aankoop van dit boek.

Ik stel het echt op prijs en waardeer u, mijn uitstekende klant.

God zegene je.

D.K. Hawkins.

www.ingramcontent.com/pod-product-compliance
Lightning Source LLC
Chambersburg PA
CBHW052349220526
45465CB00003BA/1027